AF383550

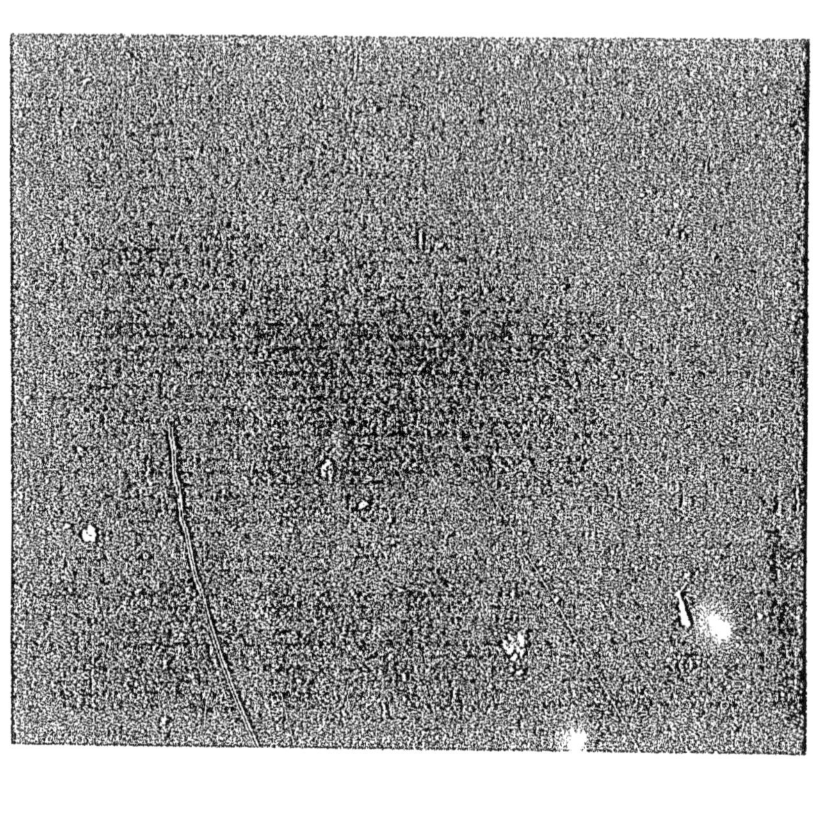

THÈSE
POUR LE DOCTORAT.

L'acte public sur les matières ci-après sera soutenu,
le mercredi 7 mai 1856, à deux heures,

Par FÉLIX GOSSET, né à Reims (Marne),

Avocat à la Cour impériale de Paris.

Président : M. DE VALROGER, professeur.

Suffragants:
MM. ROYER-COLLARD,
PELLAT,
DURANTON, — Professeurs.
DEMANGEAT, — Suppléant.

*Le Candidat répondra en outre aux questions qui lui seront faites
sur les autres matières de l'enseignement.*

PARIS,

CHARLES DE MOURGUES FRÈRES, SUCCESSEURS DE VINCHON,
IMPRIMEURS DE LA FACULTÉ DE DROIT,
rue Jean-Jacques Rousseau, 8.

1856.

2086

A MON PÈRE, A MA MÈRE.

DROIT ROMAIN.

DU DROIT DE GAGE OU D'HYPOTHÈQUE.

Dans la législation romaine, comme dans celle du Code Napoléon, les créanciers avaient les biens de leur débiteur pour garantie de ce qui leur était dû (1). Mais, comme en contractant sans cesse de nouvelles dettes, en dissipant son patrimoine, le débiteur pouvait diminuer, et même anéantir le gage de ses créanciers, il arrivait fréquemment que ceux-ci n'étaient qu'incomplétement désintéressés, et que quelquefois même ils ne touchaient aucune portion

---

(1) Toutefois, dans l'origine, le vieux droit romain n'accordait de recours au créancier que sur la personne même de son débiteur, et non pas sur ses biens. Peu à peu le droit s'adoucit, et le principe inverse fut admis, c'est-à-dire que l'on agit sur les biens du débiteur sans s'arrêter à sa personne.

de leur créance. On dut donc imaginer de bonne heure des sûretés qui missent les créanciers à l'abri de l'insolvabilité des débiteurs, qui leur assurassent pour l'avenir un payement intégral.

Ces sûretés, *cautiones*, consistaient tantôt à faire intervenir un tiers qui promettait de payer si le débiteur ne le faisait pas, *sponsores, fidepromissores, fidejussores* (1), tantôt à affecter exclusivement une chose déterminée au payement de la dette. Dans le premier cas, il y avait sûreté accessoire personnelle ; dans le second cas, sûreté accessoire matérielle, réelle, ordinairement appelée *gage.*

Le gage peut provenir de deux causes : ou de la volonté du propriétaire de l'objet : c'est *le gage volontaire ;* ou de faits auxquels cette volonté est étrangère : c'est *le gage nécessaire ou forcé.*

Le gage volontaire résulte de la volonté exprimée soit dans une convention (2), soit dans un testament (3). Le gage nécessaire se fonde : ou sur l'ordre du magistrat (4), ou sur une disposition légale (5).

---

(1) Gaïus, com. iii, § 115 et 117.
(2) D., liv. xx, tit. 1ᵉʳ, de pig. et hyp.
(3) L. 26, de pig. act., D. (xiii, 7.)
(4) L. 26, pr., de pig. act.
(5) D., liv. xx, tit. 2, in quib. caus, pig.

Nous ne nous occuperons, dans cette thèse, que du droit de gage ou d'hypothèque, qui résulte de la convention des parties.

Dans un premier chapitre, nous examinerons la manière dont se constitue ce droit de gage, sa nature, son étendue ; dans un second chapitre, nous énumérerons ses effets, et nous étudierons plus particulièrement ce qui concerne l'action hypothécaire.

CHAPITRE Ier.

DE LA CONSTITUTION CONVENTIONNELLE DU DROIT DE GAGE OU D'HYPOTHÈQUE. — DE LA NATURE DE CE DROIT. — DE SON ÉTENDUE.

SECTION Ire.

Diverses manières dont le droit de gage est constitué.

La manière de constituer conventionnellement un gage, chez les Romains, ne fut pas la même à toutes les époques. Il faut, à ce sujet, distinguer trois combinaisons : 1° *Fiducia* ; 2° *Pignus* ; 3° *Hypotheca*.

I. *Fiducia*. — Dans l'origine, le débiteur qui voulait donner à son créancier une chose en garantie de ce qu'il lui devait, lui en transférait la propriété par *mancipatio* ou par *in jure cessio*, non pas pour que cette propriété restât définitivement à ce créancier (car il eût été plus simple alors et plus avantageux pour le débiteur de vendre de suite cette chose afin de se procurer de l'argent et d'acquitter sa dette), mais en lui faisant promettre que, après avoir reçu son payement, il lui restituerait la propriété de cette chose : c'est ce que l'on nommait *la clause de fiducie* (1).

Par le contrat de fiducie, le créancier devenait propriétaire *ex jure quiritium* de la chose qui lui servait de sûreté (2) ; il devait la garder jusqu'à l'époque fixée pour le payement, afin de pouvoir la restituer, si, à ce moment, la dette était éteinte.

La dette acquittée, le débiteur agissait contre le créancier par l'action *fiduciæ directa* pour le contraindre à exécuter la clause de fiducie et à lui retransférer la propriété de l'objet. De son côté, le créancier avait contre le débiteur une action *fiduciæ contraria* pour se faire indemniser des dépenses qu'il avait faites pour la conservation de la chose.

---

(1) Ce mode de garantie a laissé quelques vestiges dans le langage ; ainsi l'on trouve les expressions : DARE *rem pignori*, même dans les époques postérieures.

(2) Gaïus, II, § 59 et 60.

Outre cette action, le débiteur avait encore un autre moyen de recouvrer sa chose : l'*usureceptio*. Ce qu'il y a de remarquable ici, c'est que le débiteur pouvait l'invoquer dans certains cas, alors même qu'il n'avait pas acquitté ce qu'il devait. Si le débiteur a payé son créancier, il pourra recouvrer la propriété de sa chose, pourvu qu'il soit rentré en possession de l'objet pendant un an, sans trouble, *et cela de quelque manière que ce soit*, quand même ce serait à titre de précaire ou de louage. Au contraire, dans le cas où le débiteur n'a pas acquitté sa dette, il ne pourra invoquer le bénéfice de l'*usureceptio* que si, en prenant possession de la chose, il n'a pas manqué à sa foi, comme cela aurait lieu dans le cas où cette chose lui aurait été confiée par le créancier (1).

On voit, d'après ce qui précède, que le contrat de fiducie donnait une sécurité complète au créancier. Mais à l'égard du débiteur, il présentait les inconvénients les plus graves.

D'abord le créancier, en violant sa promesse de fiducie, pouvait néanmoins aliéner valablement la chose qui lui avait été remise, ou la grever de droits réels irrévocables, puisqu'il était devenu propriétaire *ex jure quiritium* de cette chose. Le débiteur avait bien contre lui

---

(1) Gaïus, ii, § 60.

alors l'action *fiduciæ directa* pour se faire indemniser ; mais cette action ne pouvait pas lui faire recouvrer la propriété à laquelle il tenait peut-être par des motifs d'affection, par exemple, et même il pouvait arriver que l'insolvabilité du créancier laissât sans effet son action *fiduciæ directa*.

Ce mode de procéder avait encore cet inconvénient qu'il privait le débiteur d'une chose dont cependant il pouvait avoir grand besoin, comme dans le cas où il s'agissait des outils qui lui servaient à exercer son industrie. Pour y remédier, le créancier laissait quelquefois la chose entre les mains du débiteur, à titre de précaire, de louage, possession insuffisante pour procurer le bénéfice de l'*usureceptio* au débiteur qui n'acquittait pas sa dette. Faisons remarquer que, dans le cas de concession de la possession à titre de précaire, le débiteur courait encore le danger de se voir retirer la chose par le créancier, au bon gré de celui-ci.

Ces graves inconvénients firent abandonner peu à peu ce mode de garantir les dettes (1), et on imagina deux autres combinaisons, qui restèrent en usage dans le droit romain le plus nouveau.

---

(1) Le contrat de fiducie était encore employé quelquefois au temps de Gaïus et de Paul (Gaïus, II, § 60. — Paul, Sent., liv. II, tit. 13, § 1-7).

II. *Pignus* (1). — Ce fut d'abord le contrat de gage. Le débiteur ne transférait plus au créancier la propriété de l'objet, mais seulement la possession, ce qui prévenait toute aliénation de la part de celui-ci. Après le payement effectué, le débiteur avait l'action *pigneratitia directa* pour obtenir la restitution de l'objet remis en gage, et le créancier, l'action *pigneratitia contraria* pour se faire indemniser des dépenses qu'il avait faites pour conserver cette chose.

Jusqu'à l'extinction de la dette, le créancier était protégé dans sa possession par les interdits possessoires; il était dit *avoir la possession du gage ad interdicta*.

Quant au débiteur, bien qu'en fait il n'eût plus chez lui la chose, cependant il était réputé posséder au point de vue de l'usucapion. Si donc, quand le gage est remis au créancier, il était en train d'usucaper cet objet, l'usucapion continuera de s'opérer à son profit : *debitor videtur possidere ad unam causam, ad usuca-*

____

(1) Le *pignus* eût été une garantie insuffisante pour le créancier à l'époque où existait primitivement le contrat de fiducie, c'est-à-dire sous le système des actions de la loi; car si le créancier gagiste eût perdu, à cette époque, la possession de la chose, il n'aurait eu aucun recours pour la recouvrer, puisque sous le système des actions de la loi on ne pouvait pas agir *alieno nomine*. Il n'aurait pas pu agir non plus *suo nomine*, puisqu'il n'était pas propriétaire de l'objet. Le contrat de fiducie lui permettait, au contraire, d'agir *suo nomine* (Gaïus, IV, § 82).

pionem. Le créancier ne peut se plaindre, car, n'ayant pas l'*animus domini*, il ne peut usucaper lui-même, et a tout intérêt à ce que son débiteur devienne propriétaire de l'objet qui fait sa garantie (1).

Dans le principe, le contrat de gage n'assurait au créancier qu'un droit de rétention de la chose jusqu'au payement de la dette. Souvent le débiteur y joignit pour le créancier le pouvoir de vendre l'objet s'il n'était pas payé à l'échéance (2), afin de se satisfaire sur le prix. Comme les créanciers exigeaient ordinairement de leur débiteur ce pouvoir, on en vint à sous-entendre cette clause même dans les cas où elle n'avait pas été mentionnée. On alla plus loin encore, en déclarant non avenue la clause contraire, qui interdirait au créancier cette faculté de vendre le gage. Le seul effet de cette disposition prohibitive fut d'obliger le créancier à faire au débiteur trois dénonciations avant de procéder à la vente (3).

Le contrat de gage, quoiqu'il fût une institution préférable au contrat de fiducie, présentait encore cependant des vices assez graves. Ce contrat, se formant *re* (4), ne permettait au

----

(1) L. 16, de usuc. et usurp., D. (XLI, 3).
(2) Gaïus, II, § 64.
(3) L. 4, de pig. act., D.
(4) Instituts, liv. III, tit. 14, § 4.

débiteur de constituer sur une chose, d'une valeur peut-être fort considérable, qu'un seul droit de gage. De plus, il privait le débiteur de la possession d'objets dont l'usage pouvait lui être indispensable, comme cela se présente pour les instruments aratoires d'un fermier. Il est bien vrai qu'on pouvait remédier à ce dernier inconvénient par le précaire; mais ce n'était pas là un moyen entièrement satisfaisant, puisque, comme nous l'avons déjà dit précédemment, le créancier avait toujours le droit de revenir sur sa concession. Enfin, le créancier gagiste n'avait que les interdits pour protéger sa possession. Quant aux actions réelles, il ne pouvait les exercer qu'en se les faisant céder par le débiteur.

III. *Hypotheca.* — Ce furent les préteurs qui remédièrent aux inconvénients que nous avons signalés dans les deux institutions que nous venons d'exposer, et qui trouvèrent dans une institution grecque, dans l'hypothèque, le moyen de concilier toutes les exigences. Comme nous allons le voir, par la convention d'hypothèque, les intérêts du créancier et ceux du débiteur étaient également sauvegardés. Car si, d'un côté, le créancier acquiert le droit d'aliéner l'objet hypothéqué à défaut de payement à l'échéance, si la jurisprudence prétorienne lui accorde une action réelle contre tout détenteur du gage,

d'un autre côté, le débiteur reste propriétaire
de la chose et en garde la jouissance tant que
le payement n'est pas exigible.

Le préteur Servius décida que, dans le cas
particulier où un fermier avait simplement
promis d'apporter des meubles dans une ferme
pour garantir les loyers au propriétaire, celui-ci
pourrait, en vertu de cette seule convention,
poursuivre ces objets entre les mains de tout
détenteur. Il donna ainsi au bailleur un droit
réel, indépendant de toute tradition, et qui fut
sanctionné par une action *in rem*, dite *action
Servienne.*

L'action, instituée d'abord pour le seul cas
que nous venons d'énoncer, fut ensuite étendue,
sous le nom d'*action quasi-Servienne* ou d'*action
Servienne utile*, à tous les cas où un débiteur
avait promis un gage à son créancier; et comme
on trouvait, dans les lois de la Grèce, une institution analogue, connue sous le nom d'ὑποθήκη,
on appela *hypothèque* le droit nouvellement
créé, et *action hypothécaire* l'action destinée à
sanctionner ce droit (1). Cette action fut accordée *a fortiori* au créancier qui avait reçu la
tradition d'un gage; car il fut naturel de supposer que le débiteur qui faisait avec son

---

(1) L'action hypothécaire est aussi quelquefois désignée sous la dénomination d'action *pigncratitia in rem*, pour la distinguer de l'action *pigneratitia in personam* dont s'occupe le titre 7 du liv. xiii du Dig.

créancier le contrat réel de gage, lui accordait en même temps tacitement un droit d'hypothèque sur cette chose.

Qu'il y ait eu contrat de gage ou simple convention d'hypothèque pour la garantie d'une créance, l'action hypothécaire est également accordée dans les deux cas ; le droit réel produit est le même, et c'est en ce sens que, à l'exemple des jurisconsultes romains, nous nous servirons indifféremment des expressions gage, hypothèque, pour désigner le droit réel du créancier : « Inter pignus autem et hypothecam « tantum nominis sonus differt (1) » (L. 5, § 1, *de pig. et hyp.*).

Ainsi le dernier état de la législation romaine nous présente l'exemple d'un droit réel, créé par la simple convention, sans le concours d'aucune forme solennelle (L. 4, *de pig. et hyp.*). Le simple consentement des parties contractantes suffisant (2), il s'ensuit que le gage peut être constitué sans écrit, qu'il peut naître entre absents (L. 23, § 1, *de pig. et hyp.*), par lettres, par exemple, quand même ces lettres ne seraient ni datées, ni signées (L. 34, § 1), l'écrit, en matière d'hypothèque, n'étant qu'un simple *instrumentum* qui sert à faciliter la preuve

____

(1) Instituts, IV, 6, § 7.
(2) L. 1, de pig. act.

de l'existence du droit de gage, en constatant l'accord des volontés (1).

Entre absents, la constitution du droit de gage peut aussi avoir lieu au moyen d'un *nuntius;* mais le créancier ne pourrait pas acquérir ce droit par l'intermédiaire d'un *procurator* (L. 11, § 6, *de pig. act.*). Cette différence vient de ce que le *nuntius* n'est qu'un porte-parole, une lettre vivante, si l'on peut s'exprimer ainsi, tandis que le *procurator* parle en son propre nom, et, par conséquent, acquiert l'action pour lui. Le créancier ne pourrait donc avoir l'action hypothécaire née au profit du *procurator* que par une cession. S'il veut l'avoir directement, il faut qu'il fasse lui-même la convention de gage; mais cette obligation une fois née, il peut acquérir la possession de l'objet au moyen d'un *procurator*.

Dans la loi 11, § 6, *de pig. act.*, les rédacteurs du Dig. ont ajouté les mots : *plerumque* dans la première phrase, et *non semper* dans la dernière, à cause d'une constitution de Justinien (constit. 2, au Code, *per quas personas*, IV, 27).

---

(1) L'empereur Léon donna à *l'instrumentum* un autre effet fort important en décidant, par un rescrit (Code, l. 11, qui pot., VIII, 18), que l'hypothèque constatée par un *instrumentum publicum*, ou souscrite au moins par trois hommes *probatæ atque integræ opinionis*, passerait, quoique postérieure en date, avant l'hypothèque pour laquelle ces conditions n'auraient pas été remplies.

Voici ce dont il est question. Quoique l'on ne pût acquérir une action que par soi-même, cependant cette règle souffrait exception en cas de *mutuum*. En effet, le procureur d'une personne qui prêtait à un tiers, au moyen d'un *mutuum*, de l'argent *au nom de cette personne*, acquérait la *condictio*, non pas pour lui, mais à cette personne elle-même (1). Et cependant, si un gage était donné pour garantir ce prêt, l'action hypothécaire était acquise, non pas à la personne au nom de laquelle le prêt avait eu lieu, mais au procureur d'après les principes du droit commun, sauf à celui-ci à céder cette action à celui qui l'avait chargé de faire le prêt. C'est cette différence, assez singulière, entre l'acquisition de l'action principale et celle de l'action accessoire, de l'action hypothécaire, que Justinien a voulu faire cesser, en décidant que désormais le prêteur les acquerrait toutes deux par son procureur.

L'accord des parties, pour la constitution du gage, peut apparaître non-seulement dans des paroles, dans des écrits, mais encore dans de simples faits (L. 26, § 1, *de pig. et hyp.*). Voici l'espèce prévue par cette loi.

Un père emprunte une somme d'argent d'un tiers, Septicius. Ne pouvant écrire lui-même,

____

(1) L. 9, § 8, de reb. cred., D. (xii, 1.)—L. 15, de reb. cred.

il dit à son fils émancipé, Seius, d'écrire lui-même le billet. D... ce billet, il est fait mention d'une maison appartenant au fils, que le père hypothèque à Septicius. Le père meurt ensuite, et son fils s'abstient de sa succession. On se demande si Seius pourra posséder cette maison libre d'hypothèque, comme ses autres biens, ou s'il n'a pas à redouter cette circonstance que, sur le mandat de son père il a écrit, entièrement de sa main, le billet qui constate la constitution d'hypothèque, bien qu'il n'ait, du reste, donné son consentement à cette constitution, ni par l'apposition de son sceau sur le billet ni par quelque déclaration écrite. Le jurisconsulte Modestin répond que le fils, en écrivant lui-même que sa maison serait engagée, a accompli un fait qui a manifesté suffisamment son consentement à cette constitution d'hypothèque. En effet, il avait trop d'intérêt à parler et à contredire son père, pour qu'on ne trouve pas, dans son silence, une ratification tacite.

Il ne faut pas opposer à cette décision la loi 39, *de pig. act.*, car l'hypothèse prévue dans cette loi diffère de celle que nous venons de voir dans la loi 29, § 1, *de pig. et hyp.* Dans la loi 39, il s'agit d'un homme qui n'a fait qu'apposer sa signature sur un testament, et qui, ne connaissant pas le contenu du testament, n'a pas pu, dès lors, donner un consentement suffisant aux dispositions qu'il renferme. On ne demande, en effet, aux témoins d'un testament, que d'y apposer leur nom, leur cachet et le nom du testateur, mais non pas de prendre connaissance du contenu de l'acte (1). Au contraire, dans la loi 16, § 1, le fils ayant écrit en entier l'acte, en a connu le contenu et est réputé y avoir adhéré par son silence (2).

Comme conséquence du principe que le consentement des parties suffit pour la constitution de l'hypothèque, il résulte qu'il n'est pas nécessaire que les parties aient expressément désigné l'objet soumis au gage, pourvu qu'on reconnaisse aisément celui qu'elles ont eu en vue (3), et que c'est l'objet convenu qui sera frappé du droit de gage, quand même ce serait un autre objet qui, par erreur, aurait été remis au créancier (4).

SECTION II.

Nature et caractères généraux du droit de gage ou d'hypothèque.

Le droit de gage, *pignus* (5), *hypotheca*, est le

---

(1) L. 30, qui testam. facere poss., D. (xxviii, 1).

(2) Cujas.

(3) L. 2, quæ res pig., C. (viii, 17).

(4) L. 1, § 1, de pig. act., D.

(5) Le mot *pignus* désigne tantôt le droit qui résulte du gage, tantôt la chose même objet de ce droit, tantôt le contrat par lequel le droit de gage est établi.

droit accordé à un créancier sur la chose d'autrui (1), pour la sûreté de sa créance (2).

Le droit de gage est un droit réel (L. 17, *de pig. et hyp.*); il ressemble aux autres droits réels, en ce sens qu'il est donné contre tout possesseur, et qu'il tend à faire remettre au créancier gagiste la possession de la chose.

Mais il en diffère en plusieurs points : d'abord il peut être constitué *solo consensu;* de plus, il a cela de particulier, qu'il ne peut pas exister seul et par lui-même; il doit être nécessairement appuyé sur une créance (L. 5, *pr.* et § 2). De là il résulte que, cette créance s'éteignant, le droit réel d'hypothèque tombe, et, comme une créance peut être éteinte malgré la volonté du créancier, le droit de gage ou d'hypothèque est donc un droit réel qui, à la différence des autres droits réels, pourra être éteint malgré la volonté de celui à qui il appartient.

Enfin, l'hypothèque est un droit indivisible, c'est-à-dire qu'elle subsiste sur toutes les parties de la chose hypothéquée, et pour le tout sur chacune d'elles (3). Ainsi, tant qu'une partie de la dette, quelque minime qu'elle soit,

---

(1) L. 45, pr., de div. reg. jur., D. (l, 17).

(2) M. Pellat, trad. de Schilling, p. 3.

(3) L. 1 et 2, si unus ex pluribus, Code (viii, 32).

reste due, les objets hypothéqués demeurent, malgré les payements partiels, affectés en totalité à la garantie de tout ce qui reste dû (L. 19 et L. 13, § 6, *de pig. et hyp.*). De même, si la créance se divise entre plusieurs personnes, comme dans le cas de succession, chaque fraction de la créance primitive a pour sûreté, non pas une fraction correspondante des biens hypothéqués, mais ces biens en entier. D'un autre côté, si les biens hypothéqués périssent en partie, l'hypothèque subsiste en entier pour ce qui est dû sur tout ce qui reste des biens hypothéqués. Et si les biens hypothéqués viennent à se diviser, par succession, par exemple, chacune de ces fractions reste hypothéquée pour toute la dette et pour chacune des portions de cette dette (1).

SECTION III.

Créances et obligations que garantit le gage.

Le droit de gage est, avons-nous dit, un droit accessoire qui s'appuie sur un droit de créance. Cette créance peut avoir pour objet non-seulement de l'argent, mais encore toute autre espèce de chose (2).

(1) M. Valette, n° 125, Traité des hyp.
(2) L. 9, § 1, de pig. act., Dig.

Peu importe la nature de l'obligation, qu'elle soit civile ou prétorienne. Le gage peut même garantir une obligation naturelle, comme le ferait un fidéjusseur (L. 5 pr. ; L. 14, § 1).

L'obligation naturelle ne donne aucune action au créancier pour la faire valoir, mais elle suffit pour empêcher la répétition de ce qui lui aurait été payé à son occasion (1). Ainsi, si on a fait un pacte d'intérêts, ces intérêts ne seront pas dus d'après le droit civil, parce qu'il n'y a pas eu de stipulation ; et cependant, si un gage a été donné pour garantir ce pacte, le créancier ne pourra pas être forcé de le rendre tant que les intérêts ne lui auront pas été payés (2).

Il existe toutefois une classe d'obligations naturelles que le gage ne peut pas garantir. Ce sont des obligations telles que le *jus civile eas improbare videtur*, parce que leur nullité peut être considérée comme étant d'ordre public.

Sont de cette nature les obligations naturelles prévues par le sénatus-consulte Macédonien (3). Mais il ne faudrait pas toutefois poser en principe d'une manière absolue qu'elles ne fussent jamais susceptibles de recevoir un gage.

---

(1) L. 10, de oblig. et act., Dig. (xliv, 7).

(2) L. 11, § 3, de pig. act., Dig.

(3) L. 2, quæ res pig., Dig. (xx, 3).

En effet, l'obligation résultant pour un fils de famille d'un prêt à lui fait sans l'autorisation du *paterfamilias*, quoique étant une obligation naturelle, ne pouvait pas être garantie par un gage pas plus que par un fidéjusseur. Mais il en était différemment dans le cas où le constituant n'aurait pas eu de recours contre le fils de famille débiteur, parce que, par exemple, il avait agi *animo donandi* (1).

Quant à ce qui concerne le sénatus-consulte Velléien, lorsqu'une femme avait intercédé pour autrui, contrairement à ce sénatus-consulte, on déclarait toujours nulle la constitution de gage qu'aurait faite un tiers pour garantir l'obligation de cette femme, et cela sans faire de distinction, comme dans le cas du sénatus-consulte Macédonien, c'est-à-dire même dans le cas où le constituant n'aurait pas eu de recours contre la femme, parce que, par exemple, il aurait agi *animo donandi* (2). Le constituant pourra donc, même dans ce cas, repousser l'action hypothécaire du créancier gagiste, en invoquant le bénéfice du sénatus-consulte Velléien (3).

---

(1) L. 9, § 3, ad sen.-cons. Maced., Dig. (xiv, 6).

(2) L. 16, § 1, ad sen.-cons. Vell., Dig. (xvi, 1).

(3) Gaïus Cassius, contrairement à l'avis de Julien, admettait dans le cas du sénatus-consulte Velléien les mêmes distinctions que celles que nous avons indiquées au sujet de sénatus-consulte Macédonien.

Pourquoi la loi protége-t-elle, dans tous les cas, le constituant, quand il s'agit du sénatus-consulte Velléien, en lui accordant l'exception tirée de ce sénatus-consulte, tandis que, dans le cas du sénatus-consulte Macédonien, le gage constitué par un tiers pour garantir la dette du fils de famille, sera valable toutes les fois que le constituant n'aura pas de recours contre le fils de famille ? C'est que le sénatus-consulte Velléien a été fait dans l'intérêt des femmes, et qu'il protége même leurs fidéjusseurs, leurs garants. Au contraire, le sénatus-consulte Macédonien a été fait, moins dans l'intérêt des fils de famille, qu'en haine de ceux qui leur prêtent de l'argent, ou de ceux qui encouragent ces prêts en offrant des garanties aux prêteurs ; aussi ces derniers ne sont-ils pas protégés toutes les fois qu'ils doivent souffrir seuls, c'est-à-dire toutes les fois qu'ils n'ont point de recours ni contre le fils de famille, ni contre son père.

Il est encore des obligations qui ne peuvent pas être garanties par un droit de gage : ce sont celles qui sont déclarées entièrement nulles par le droit civil, ou paralysées par une *perpetua exceptio*, que peut invoquer le débiteur. Mais si, en constituant le gage, le débiteur connaissait l'existence de cette *perpetua exceptio* en sa faveur, le gage qu'il aurait établi dans

ces circonstances serait valable ; car le débiteur serait réputé avoir renoncé au bénéfice
de l'exception. Il en serait différemment dans
le cas où il s'agirait d'un débiteur n'ayant
pas la capacité nécessaire pour faire cette renonciation.

On peut engager sa chose, soit pour sa propre dette, soit pour celle d'autrui (L. 5, § 2).
La femme, qui avait engagé sa chose pour l'o-
bligation d'autrui, pouvait invoquer l'exception du sénatus-consulte Velléien, si elle était
actionnée ; car, quand on ne peut pas engager
sa personne pour garantir l'obligation d'autrui, on ne peut pas non plus engager sa chose
dans ce but (1).

Le gage peut être établi pour garantir une
obligation, qu'elle soit pure et simple, à terme
ou sous condition (L. 5, pr.). S'il s'agit d'une
obligation conditionnelle, il faut, pour que
l'hypothèque commence à exister et prenne
rang du jour de la convention, que l'événement
de la condition ne dépende pas de la volonté
des parties, c'est-à-dire qu'il faut que ni l'un
ni l'autre des contractants ne reste encore libre
de se désister de l'affaire ; sinon, l'hypothèque ne commencera à exister qu'au moment
où l'obligation qu'elle garantit naîtra elle-

____

(1) M. Pellat, Cours de l'année 1851.

même (1). Dans tous les cas, si la condition de laquelle dépend l'existence de l'obligation ne s'accomplit pas, il est bien évident que le droit de gage, qui a été convenu en vue de cette obligation, n'existera pas non plus.

L'hypothèque qui a été constituée pour garantir une obligation à terme, prend rang du jour de la convention d'hypothèque, et non pas seulement du jour de l'échéance du terme (2).

On peut constituer le gage pour sûreté de toute l'obligation, ou pour en garantir une partie seulement.

SECTION IV.

Qui peut constituer ou recevoir un droit de gage ou d'hypothèque. — Sur quels objets ce droit peut être établi. — De l'hypothèque conférée sur la chose d'autrui.

§ 1er. — Qui peut constituer un droit d'hypothèque, et sur quels objets.

Pour qu'une personne puisse constituer un droit de gage ou d'hypothèque sur une chose, il faut qu'elle l'ait *in bonis suis* (3). Une chose

---

(1) L. 4, quæ res pig., Dig.—L. 1, pr., et § 1, qui pot., Dig.

(2) L. 9, pr., qui pot., Dig.

(3) L. 6, si alien. res, Code (VIII, 16).

est *in bonis nostris* toutes les fois que, la possédant, nous avons une exception, ou que, l'ayant perdue, nous avons une action pour la recouvrer (1).

Ainsi, le propriétaire peut hypothéquer sa chose ; le copropriétaire peut constituer un droit de gage pour sa part sur la chose commune (2).

Le simple possesseur de bonne foi, que le préteur protége au moyen de l'action Publicienne (3), constituera valablement un droit de gage sur la chose qu'il est en train d'usucaper (L. 18 et 21, § 1). L'action hypothécaire, accordée dans ce cas au créancier, réussira contre tout détenteur autre que le propriétaire de la chose, qui pourra lui opposer l'exception *justi dominii*, comme il l'opposerait à l'action Publicienne du débiteur.

L'emphytéote (L. 31, *de pig.*), le superficiaire (L. 13, § 3), ayant sur le fonds une sorte de droit réel imitant la propriété, puisque le préteur leur donne une action utile en revendication, peuvent constituer un droit de gage (4) dont les effets seront limités à la durée de leurs droits. Ainsi, si l'emphytéote qui a constitué le

----

(1) L. 52, de adq. rer. dom., Dig. (xli, 1).
(2) Loi unique : si comm. res, Code (viii, 21).
(3) Inst., de act., liv. iv, tit. 6, § 4.
(4) L. 16, § 2, de pig. act., Dig.

gage cesse d'acquitter au bailleur la redevance (*solarium*), et que le créancier hypothécaire ne la lui paye pas non plus, le gage sera éteint; car le preneur, qui n'avait reçu le fonds qu'à la condition de payer la redevance, n'avait pu hypothéquer que sous la même condition. Mais il ne faudrait pas dire que le droit de gage cesse dans le cas où l'emphytéote qui l'a constitué, voulant vendre le fonds ou l'ayant déjà vendu, le bailleur exerce son droit de prélation. Le créancier conserve son droit de gage intact. En effet, il n'a rien à se reprocher, comme dans le cas où il n'a pas acquitté la redevance : il ne pouvait pas empêcher le bailleur d'exercer son droit de prélation. Le bailleur est considéré ici comme un acheteur, et il doit subir les charges que supporterait celui-ci, c'est-à-dire qu'il n'a pu acquérir le fonds que *cum sua causa*, avec l'hypothèque qui l'affectait.

Il faut donc bien distinguer, au point de vue de l'existence du droit de gage, si le fonds a été repris par le bailleur en vertu de la convention faite lors du bail, hypothèse indiquée dans la loi 31, *de pig. et hyp.*, ou si c'est par suite de l'exercice du droit de prélation (1).

L'usufruitier (L. 11, § 2) peut également hy-

---

(1) Cujas, Réponses de Scœvola, liv. 1. — Observ. 24, chap. 6.

pothéquer, non pas son droit d'usufruit (car il est inhérent à sa personne), mais l'avantage, la faculté de recueillir les fruits à sa place en cas de non-payement, et de les vendre. L'étendue des droits conférés au créancier par cette hypothèque sera la même que celle des droits conférés par la vente que l'usufruitier peut faire de son usufruit à un tiers.

L'usager, au contraire, n'a pas ce droit, puisqu'il ne peut pas abandonner à une autre personne l'exercice de son *usus*.

Il ne suffit pas d'être propriétaire d'une chose pour pouvoir l'hypothéquer, il faut encore pouvoir disposer de ses biens (1). Le pupille, le fou ne pourront donc pas constituer par eux-mêmes de droit de gage ou d'hypothèque. Ils seront remplacés par leurs tuteurs ou curateurs. Ceux-ci pouvaient hypothéquer les choses mobilières, *les prædia urbana* de ces pupilles ou de ces fous, *sine decreto prætoris* (2). Pour les *prædia suburbana* et les *prædia rustica*, il leur fallait un *decretum prætoris* (3). Constantin modifia ce droit en exigeant le *decretum prætoris* même dans le cas où la constitution d'hypothèque portait sur les *prædia urbana*,

---

(1) L. 1, pr., quæ res pig., Dig.
(2) L. 3, si aliena res, Code (VIII, 16). — L. 16, pr., de pig. act., Dig.
(3) L. 1, pr., et § 2, Dig., de reb. cor. qui (XXVII, 9).

les esclaves ou autres meubles précieux des pupilles ou des fous (1).

On pouvait constituer un droit de gage sur un *pignus*, c'est-à-dire que la chose grevée d'un droit d'hypothèque au profit d'un premier créancier pouvait être hypothéquée par ce créancier au profit d'un de ses créanciers (L. 13, § 2) jusqu'à concurrence de la valeur de la plus faible des deux dettes. L'existence de cette hypothèque, établie en sous-ordre, était subordonnée à l'existence de la première dette, de sorte que le payement fait au premier créancier libérait complétement l'objet (2). Le premier débiteur peut aussi effectuer son payement entre les mains du second créancier; dans ce cas, si le payement a eu pour objet une somme d'argent, le second créancier la gardera, non pas *pignoris loco*, mais définitivement, jusqu'à concurrence de ce qui lui est dû et rendra l'excédant au premier créancier, son débiteur. Si, au contraire, la première créance avait pour objet quelque corps certain, le deuxième créancier gardera cet objet comme gage *pignoris loco*.

Quand un droit de gage a été établi sur un *pignus*, le deuxième créancier ne peut aliéner

----

(1) L. 22, de admin. tut., Code (v, 37).—L. 4, Code (v, 72).
(2) L. 40, § 2, de pig. act., Dig.

valablement l'objet de ce gage que quand les deux créances qu'il garantit sont échues (1) ; jusque-là, il aura, pour faire valoir son droit sur la chose, une *utilis exceptio*, s'il est en possession, ou une *utilis actio*, dans le cas contraire (L. 13, § 2) (2).

Les commentateurs du droit romain ne sont pas d'accord sur le point de savoir si le *pignus pignoris* emportait tacitement hypothèque sur la créance même appartenant au constituant. Si on décide cette question affirmativement, il en résulte que le second créancier serait investi de l'action personnelle du premier créancier contre le débiteur de celui-ci et qu'il aurait seul qualité pour recevoir le payement, à partir du moment où il aurait notifié son droit à ce débiteur. Nous pensons qu'il faut résoudre cette question négativement ; aucun texte, en effet, ne donne au second créancier le droit d'exercer l'action personnelle contre le débiteur. On peut bien concevoir que tel consente à affecter à son créancier l'émolument résultant d'un droit d'hypothèque, sans entendre pour cela lui donner en gage sa créance entière (3).

On peut hypothéquer non-seulement des

____

(1) L. 4, de distr. pig., Dig. (xx, 5.)
(2) L. 1, si pig. pig., Code (viii, 24).
(3) M. Pellat, trad. de Schilling, page 18, observ., alinéa 3. — M. Vauette, Traité des hyp., p. 208.

choses corporelles, mais encore certaines choses incorporelles ; ainsi une créance, *nomen* (L. 20, *de pig. et hyp.*).

Dans ce cas, le préteur donne au créancier hypothécaire contre le débiteur les actions utiles des actions dont se servirait le débiteur qui a constitué sa créance en gage. Le créancier gagiste n'a toutefois ces actions qu'autant que le débiteur n'a pas déjà payé à son propre créancier avant d'avoir reçu la notification du gage (1). En même temps, le préteur fournit à ce débiteur une exception contre le premier créancier, afin de pouvoir le repousser s'il venait à l'attaquer (2).

Le créancier qui a reçu une créance en gage peut, au lieu d'employer les actions utiles que lui accorde le préteur, vendre son gage, c'est-à-dire la créance qui lui a été hypothéquée, s'il le préfère, et ce sera alors l'acheteur qui exercera ces actions utiles (3).

On voit donc, par ce qui précède, que l'hypothèque constituée sur une créance donne lieu à une action *in personam*, et non pas à une action réelle, à une action quasi-Servienne. Car le créancier gagiste ici n'a rien à revendi-

---

(1) L. 4, quæ res pig., Code (viii, 17).
(2) L. 18, de pig. act., Dig.
(3) L. 7, de hered. vel act. vend., Code (iv, 89).

quer; la créance objet de l'hypothèque ne renferme rien de semblable (1).

Remarquons aussi qu'il résulte de la loi 18, pr., *in fine, de pig. act.*, Dig., que l'hypothèque constituée sur une créance emporte tacitement l'hypothèque de l'hypothèque qui garantit cette créance.

Parmi les choses incorporelles, on rencontre les servitudes prédiales. Peut-on les hypothéquer? Les servitudes prédiales, tant urbaines que rurales, *déjà établies*, peuvent être hypothéquées lorsque celui qui en profite hypothèque en même temps l'immeuble auquel elles sont attachées. Les servitudes sont même hypothéquées forcément, dans ce cas, comme accessoires du fonds dominant sur lequel un droit de gage a été constitué.

Mais le propriétaire du fonds dominant pourrait-il hypothéquer séparément, c'est-à-dire sans hypothéquer en même temps l'immeuble, les servitudes prédiales *déjà établies* au profit de cet immeuble? Tout le monde est d'accord pour répondre négativement à cette question, en ce qui concerne les servitudes urbaines (L. 11, § 3). En effet, l'utilité du gage repose tout entière dans la possibilité pour le créancier de vendre, à défaut de paiement,

---

(1) M. Pellat, trad. de Schilling, page 8, note 18, alinéa 4.

l'objet hypothéqué. Or les servitudes urbaines ne peuvent pas être vendues séparément du fonds dominant ; car elles ont un caractère de fixité qui s'oppose à ce qu'elles soient exercées par une autre personne que le propriétaire de ce fonds.

Supposons, pour prendre un exemple, que le débiteur ait une servitude *tigni immittendi*, il ne peut pas en faire profiter une autre personne. Si cette personne n'est pas un voisin, cela est évident ; et quand même ce serait un voisin ayant sa maison contiguë à l'héritage servant, le débiteur ne le pourrait pas davantage ; car ce serait changer l'objet de la servitude que de donner le droit d'appuyer ses poutres sur un autre côté du bâtiment servant : la servitude est une qualité du fonds dominant que le propriétaire de ce fonds n'en peut pas détacher au profit d'un autre immeuble.

Quant aux servitudes rurales, quelques auteurs, se fondant sur ce que Marcien, dans la loi 11, § 3, ne parle que des servitudes urbaines, en concluent *a contrario* que la même prohibition ne frappe pas les servitudes rurales, et que le propriétaire du fonds dominant, au profit duquel elles sont établies, peut les hypothéquer isolément. Nous n'admettons pas cette opinion. En effet, toute servitude prédiale est attachée non pas à la personne, mais à un fonds déterminé (dans notre hypothèse à celui du débiteur), ainsi que nous venons de le dire, duquel elle ne peut pas être séparée (1). Elle ne peut donc pas être transférée par vente à une autre personne, tant que le fonds dominant reste chez le débiteur, ni par conséquent être hypothéquée par lui, s'il n'hypothèque pas en même temps ce fonds dominant.

Nous concluons donc que les servitudes prédiales *déjà établies,* qu'elles soient urbaines ou rurales, ne peuvent pas être hypothéquées seules, c'est-à-dire sans le fonds dominant.

Mais si elles ne sont pas encore établies, le débiteur pourrait-il constituer sur un de ses fonds des servitudes prédiales à titre d'hypothèque ?

Nous distinguerons entre les servitudes rurales et les servitudes urbaines. Le débiteur le peut en ce qui concerne les premières (L. 12), c'est-à-dire que, si le créancier hypothécaire n'est pas payé à l'échéance, il aura le droit de vendre la servitude à un acheteur qui ait un fonds voisin, et qui deviendra le premier titulaire de cette servitude. Jusqu'à la vente de cette servitude ainsi hypothéquée, le créancier en aura la *quasi-possession,* si elle lui a été accordée, et il pourra en jouir (L. 12), sans qu'il soit, pour

____

(1) L. 34, de servit. præd. rust., Dig. (VIII, 3).

cela considéré comme ayant lui-même le droit de servitude, ce qui serait contraire à la nature et au but du droit de gage (1).

Une telle convention d'hypothèque sur une servitude à constituer ne pouvait pas s'appliquer à des servitudes urbaines (L. 11, § 3). Cette différence tient, sans doute, à ce que les servitudes urbaines ne pouvant servir qu'à un seul voisin, le créancier n'eût pu les vendre que difficilement et à bas prix, ce voisin n'en ayant peut-être pas besoin, tandis qu'il en est différemment quand il s'agit de servitudes rurales, d'une servitude d'aqueduc par exemple, qui, pouvant servir à plusieurs propriétaires voisins, trouveront facilement un acquéreur (2).

On peut encore constituer un droit de gage ou d'hypothèque sur les offices (*militiæ*), pourvu toutefois qu'il s'agisse d'offices susceptibles d'être vendus ou transmis héréditairement (3).

On peut hypothéquer, non-seulement les choses déjà existantes, mais encore des choses futures : ainsi les fruits à venir d'un fonds (L. 15). Il ne faut pas confondre ces choses avec celles qui existent déjà, mais qui n'appartiendront que plus tard à celui qui constitue le gage.

---

(1) M. Pellat, trad. de Schilling, p. 71.
(2) M. Pellat, Cours de l'année 1851.
(3) L. 27, de pig., Code (VIII, 14).

Il est des choses qui ne peuvent pas être l'objet d'un droit de gage ou d'hypothèque. Ce sont d'abord celles qui ne sont pas dans le commerce, qu'on ne peut pas acheter (1). Le gage conduit, en effet, à l'aliénation. Ainsi, on ne peut pas hypothéquer les choses de droit divin (2), ses enfants, des hommes libres (3). Le créancier est puni de la relégation quand il a reçu sciemment en gage un fils de famille (4).

Si une chose n'est pas dans le commerce relativement à une personne, elle peut néanmoins lui être hypothéquée (L. 24), car si cette personne ne peut pas devenir propriétaire de cet objet, elle peut fort bien le vendre et se payer sur le prix. Ainsi, les présidents de province ne pouvaient pas acheter de biens dans l'étendue du territoire soumis à leur administration ; on craignait qu'ils n'y prissent ainsi une influence trop grande, assez forte pour inquiéter le pouvoir central. Mais ils pouvaient recevoir en gage un immeuble situé dans cette province ; car la constitution de gage n'était pas un moyen pour eux de devenir propriétaires de cet immeuble ; elle leur donnait seulement le pou-

---

(1) L. 1, § 2, quæ res pig., Dig. (xx, 3).
(2) L. 3, quæ res pig., Code (viii, 17).
(3) L. 6, quæ res pig., Code.
(4) L. 5, quæ res pig., Dig. — La novelle cxxxiv, ch. 8, va plus loin encore : elle le prive de sa créance.

voir de le vendre pour se payer sur le prix.

Certaines choses, sans être soustraites au commerce d'une manière absolue, ne peuvent cependant pas être hypothéquées. Telles sont :

1° *Les choses litigieuses.* — Cette prohibition, appliquée d'abord aux immeubles, fut étendue plus tard aux meubles (1). La loi 18, *de rei vind.*, Dig., qui porte que l'on peut hypothéquer les choses litigieuses, ne fait pas obstacle à ce que nous venons de dire. Selon nous, cette loi parle du cas où la chose légitime est donnée en gage pour une de ces causes en vertu desquelles elle pourrait aussi être aliénée, comme si elle est hypothéquée *ex causa dotis* (2).

2° *Les prix espérés par les athlètes* (3). — Quant aux prix déjà gagnés, ils pouvaient être hypothéqués (4).

3° *Les esclaves, les animaux, les instruments nécessaires à l'agriculture* ne peuvent pas être saisis commé gages en exécution des jugements (5). Mais les constitutions ne défendent pas aux maîtres de ces objets de les hypothéquer par convention.

---

(1) L. 1, § 2, quæ res pig., Dig.
(2) Pothier, liv. xx, tit. 3, n° 9, note 6.
(3) L. 5, quæ res pig., Code (viii, 17).
(4) L. 40, de re jud., Dig. (xlii, 1).
(5) L. 7 et 8, quæ res pig., Code.

Les choses qui ne peuvent pas être hypothéquées spécialement ne sont pas comprises dans
l'hypothèque générale ; mais, à l'inverse, il y
a des choses qui ne sont pas comprises dans les
hypothèques générales, et qui cependant sont
susceptibles d'être affectées d'un droit de gage
spécial (1).

Il y avait à Rome quelque chose de particulier relativement à celui qui avait été racheté
de captivité chez l'ennemi. Cet homme se trouvait affecté d'une sorte de droit de gage, à l'é-
gard de son rédempteur, qui permettait à celui-
ci de le retenir jusqu'à ce qu'il lui eût payé le
prix du rachat (2). Toutefois, cet homme n'était
pas retenu par son rédempteur comme un véri-
table gage : « *Non est pignus, sed veluti pignus;*
« *non dicitur pignus civile, sed pignus natu-*
« *rale* » (3). Le droit civil ne permet pas, en
effet, qu'un homme libre soit l'objet d'un gage ;
or, ce prisonnier est devenu libre par suite de
son rachat et du droit de *postliminium.*

Nous avons parlé précédemment de personnes qui, quoique propriétaires, ne peuvent pas

____

(1) L. 1, quæ res pig., Code (viii, 17).

(2) L. 2, de postl. rev., Code (viii, 51). — M. Pellat, trad. de Schilling, p. 14, note 3, alin. 3.

(3) Cujas sur la loi 21, de pig., Code, et sur le titre 16, livre viii, au
Code.

constituer un droit de gage ou d'hypothèque. A l'inverse, il en est d'autres qui peuvent hypothéquer une chose, quoiqu'elles ne l'aient pas *in bonis*, si elles agissent d'après la volonté de celui à qui cette chose appartient.

Le procureur peut valablement hypothéquer la chose du maître, soit que celui-ci lui en ait donné spécialement le mandat, so itqu'il lui ait confié l'administration de tous ses biens, ayant lui-même l'habitude d'emprunter en constituant hypothèque (1).

Si le procureur a emprunté de l'argent et qu'il ait, à cette occasion, donné un gage contrairement à la volonté du maître, ce dernier, dans le cas où l'argent lui aurait profité, viendrait à tort demander au créancier le gage que celui-ci détient, puisqu'il a reçu de l'argent à l'occasion de cette chose et qu'il se sert de cet argent sans vouloir le rendre (2). Ce droit de rétention étant basé ici sur le dol du maître, ne pourrait pas être opposé si le revendiquant était une autre personne.

Le fils de famille, l'esclave, qui ont reçu la libre administration de leur pécule, constitueront valablement un droit de gage sur la chose du pécule, quoiqu'elle appartienne au père de

---

(1) L. 14, § 7, et L. 12, de pig. act., Dig.
(2) L. 1, si alien. res, Code (viii, 16).

famille ou au maître ; car ils agissent ainsi en vertu du pouvoir qu'ils ont reçu du propriétaire (1). Toutefois, il n'en est ainsi que si le fils de famille et l'esclave donnent cette hypothèque au sujet de l'administration du pécule (2), à moins que le père de famille ou le maître ne les aient autorisés même à donner les choses du pécule.

Nous avons dit précédemment comment les tuteurs et curateurs peuvent hypothéquer les biens des pupilles et des fous. Nous ne reviendrons pas sur ce point.

L'agent de la cité, légalement nommé et qui en administre les biens, peut les hypothéquer valablement s'il fait un emprunt dans l'intérêt de cette cité (L. 11, pr., *de pig. et hyp.*).

§ 2. — Du droit de gage ou d'hypothèque conféré sur la chose d'autrui.

La constitution conventionnelle d'un gage sur la chose d'autrui dont on n'a pas la disposition est généralement nulle. Cependant, dans quelques cas exceptionnels cette hypothèque est valable :

1° Dans le cas où le maître de la chose a consenti à cette constitution d'hypothèque

---

(1) L. 18, § 4, et L. 10, de pig. act., Dig.
(2) L. 1, § 1, quæ res pig., Dig.

(L. 26, § 1), ou l'a postérieurement ratifiée, soit d'une manière expresse, soit tacitement (L. 16, § 1; L. 21, pr.). Mon procureur est convenu avec mon colon que je lui donnerai tel objet en gage pour garantir ma dette concernant les choses que je dois lui fournir comme bailleur. Si je ratifie ce qu'a fait mon procureur, l'effet sera le même que si j'avais moi-même constitué le gage au colon, à moins que, dans l'intervalle qui précède ma ratification, je n'aie concédé à un tiers un droit de gage sur cette même chose. L'hypothèque ratifiée ne viendrait alors qu'en second lieu : ma ratification, dans ce cas, produit le même effet que si j'établissais une hypothèque sur une chose déjà grevée d'une précédente hypothèque.

Nous déciderons qu'il y a une ratification tacite de la part du propriétaire dans le cas où celui-ci, sachant que sa chose est donnée en gage par un tiers, garde le silence afin de tromper le créancier (1).

L'hypothèque conférée sur la chose d'autrui est encore valable.

2° Quand elle a été constituée sous cette condition : si le constituant devient plus tard propriétaire de l'objet, *si res debitoris facta fuerit* (L. 16, § 7).

---

(1) L. 2, si alien. res, Code (viii, 16).

3° Quand la constitution de gage est une constitution générale ; car alors elle comprend les biens futurs (L. 15, § 1). Cette convention d'une hypothèque générale sur les biens présents et sur les biens à venir est permise, parce qu'on y sous-entend la condition : si ces objets deviennent choses du constituant.

4° Quand la chose qui a été hypothéquée était due ou qu'elle a été elle-même donnée en gage au constituant (L. 1, pr., *de pig. et hyp.*; L. 13, § 2, *id.* ; L. 3, § 1, *qui potiores*).

En dehors de ces cas, le créancier à qui son débiteur a voulu constituer un droit de gage ou d'hypothèque sur la chose d'autrui n'aura pas d'action hypothécaire directe, quand même ce débiteur deviendrait plus tard propriétaire de cette chose (1).

On se demande quelquefois comment il se fait que la chose d'autrui ne puisse pas être hypothéquée, tandis que cependant elle peut faire l'objet d'une vente valable (3). C'est que la vente ne crée pas de droit réel sur la chose vendue, comme le fait la constitution d'un droit de gage ou d'hypothèque sur la chose qui en est l'objet. La vente ne donne lieu qu'à une action *ex empto* ou *ex stipulatu*, le vendeur ne

---

(1) L. 5, si aliena res, Code.
(2) L. 28, de contrah. empt. (viii, 1).

garantissant à l'acheteur que la possession paisible de la chose vendue. On conçoit dès lors
que le simple possesseur de la chose d'autrui
puisse s'obliger vis-à-vis d'un tiers à lui en
fournir la possession paisible, sauf recours en
cas d'éviction (1) : « Obligatus est venditor ut
« rem emptori habere liceat, non etiam ut ejus
« faciat » (2). Au contraire, dans l'hypothèque,
il y a transport d'un droit réel sur la chose
qui en est affectée : or, *nemo plus jura dare
potest in rem quam ipse habet.*

Aussi Cujas nous dit-il qu'il faut compléter
la loi 9, *de pig. et hyp.*, pour la rendre tout à
fait exacte, et lire : « Quod *nostrum* emptionem
« venditionemque recipit, etiam pignoratio-
« nem recipere potest » (3).

Dans le cas où le débiteur devient plus tard
propriétaire de la chose qu'il a hypothéquée

---

(1) L. 1, pr., et § 3, de permut. rerum, Dig. (xix, 4). — Voy. Instituts
de M. Ortolan, ii, p. 248 et 249.

(2) L. 30, § 1, de act. empt., Dig. (xix, 1).

(3) M. Pellat (Cours de l'année 1851) pense qu'on peut se dispenser
de faire cette addition, si on a soin d'entendre par le mot *pignoratio*, non
pas le droit réel de gage, mais seulement la possession de la chose engagée,
le contrat de gage formé *rc*. La loi 9, § 1, signifierait alors que ce qui
peut être vendu ne peut pas toujours être hypothéqué, mais peut toujours
faire l'objet d'un contrat de gage, en ce sens qu'il s'agirait simplement
pour le débiteur de procurer la possession de l'objet au créancier gagiste,
lequel pourra, s'il a reçu ainsi la chose d'autrui, la garder jusqu'au payement, à moins que son propriétaire ne la revendique avant ce moment.
Ce contrat donnerait naissance aux actions pignératitiennes *directa* et
contraria, mais non pas à l'action quasi-servienne.

alors qu'elle ne lui appartenait pas , donnera-t-on au moins une action hypothécaire *utile* au créancier contre le débiteur ?

Papinien (L. 1, pr.) distingue si le créancier savait ou ignorait que la chose qu'on lui constituait en gage fût à autrui.

1° *Le créancier savait que cette chose était à autrui.* — Dans ce cas, il n'aura pas d'action hypothécaire utile ; il pourra seulement invoquer un droit de rétention s'il possède le gage. Il ne peut pas se plaindre ; car, puisqu'il a accepté une constitution de gage sur la chose d'autrui, *non decipitur, sed se ipsum decepit.*

Le créancier fera valoir son droit de rétention au moyen de l'exception de dol, qu'il opposera au débiteur, si celui-ci agit en revendication contre lui. Mais il ne pourrait pas opposer cette exception aux autres créanciers auxquels le débiteur aurait hypothéqué valablement cette chose, depuis qu'elle est devenue sienne. En effet, l'exception tirée du dol de l'auteur ne nuit pas à son successeur, quand celui-ci ne veut pas faire un profit (1).

La loi 25, *de pig. et hyp.*, Dig., semble faire opposition à la loi 1, pr., du même titre, et à ce que nous venons de dire, en refusant au

----

(1) L. 4, § 27 et 31, de except. doli (XLIV, 4). — Doneau, de pig. et hyp., chap. VII, n° 17.

créancier le droit de rétention, quand le gage a été constitué *vitiose vel inutiliter;* elle est ainsi conçue : « Cum vitiose vel inutiliter contractus « pignoris intercedat, retentioni locus non « est, nec si bona creditoris ad fiscum perti- « neant ».

Ce n'est là qu'une contradiction apparente. En effet, la loi 25 prévoit les cas où la constitution du gage est tellement vicieuse que le préteur ne la juge pas digne de protection, comme l'hypothèse où le mari aurait, contrairement à la loi *Julia,* constitué un droit de gage sur le fonds dotal. Au contraire, dans la loi 1, il s'agit d'une constitution de gage défectueuse, il est vrai, mais que le préteur juge mériter sa protection, et pour laquelle il donne par équité un droit de rétention, et quelquefois même une action hypothécaire utile, comme nous allons le voir (1).

2° *Le créancier ignorait que la chose fût à*

---

(1) On appelle *pignus vitiosum* celui dont la non validité apparaît de suite, comme le gage qui est constitué contrairement à une loi. Dans ce cas, le créancier est repoussé *ipso jure,* et le préteur refuse de suite de lui délivrer l'action hypothécaire. Le *pignus inutile* est celui dont la non validité exige, pour être constatée, un examen, quelques recherches : ainsi le *pignus* constitué sur une chose litigieuse est *inutilis.* Dans ce cas, le créancier ne sera repoussé que par une exception (dans notre hypothèse par l'*exceptio litigiosi*) ; le préteur lui délivrera l'action qu'il demande, laissant au juge le soin de rechercher s'il est vrai, comme l'allègue le débiteur, que l'objet hypothéqué soit une chose litigieuse.

La loi 25 ajoute : *Nec si bona creditoris ad fiscum pervenerint.* Par là *autrui.* — Le préteur lui accordera une action hypothécaire *utile* (L. 1). Telle est aussi la décision de Paul (L. 41, *de pig. act.*, Dig.) (1).

On objecte à cette décision qu'elle viole la règle de droit : *quod ab initio non valet, ex post-facto convalescere non potest.* A cela on peut répondre d'abord que cette règle cesse toutes les fois qu'une loi spéciale ou une constitution y dérogent. Ainsi en est-il pour les donations entre époux, qui, non valables *ab initio*, le deviennent par la mort du donateur, ainsi que l'a décidé une constitution d'Antonin. On peut ajouter que la règle *quod ab initio.....* est vraie, mais qu'on doit l'entendre en ce sens qu'il ne sera pas donné au créancier une action directe, parce que la rigueur du droit s'y oppose, mais qu'il lui sera donné une action hypothécaire *utile*, dans les cas où l'équité serait blessée s'il en était autrement. Il ne faut pas ici que le débiteur puisse invoquer son mensonge et en tirer profit (2).

---

elle nous indique que, bien que le fisc eût, à Rome, une hypothèque tacite sur tous les biens de ceux avec lesquels il contractait, cependant il ne faut pas croire qu'il fût favorisé et qu'il eût une hypothèque contre le débiteur dans le cas où il deviendrait le créancier de ce débiteur, parce qu'il a succédé à un particulier (à un déporté par exemple) dont l'hypothèque était *vitiosa vel inutilis*. La succession du fisc ne valide pas ce gage ; quand il succède à une autre personne, il est soumis au droit privé et n'a pas plus de droits que n'en avait son auteur.

(1) L. 5, si alien. res, Code (VIII, 16).
(2) L. 41, de pig. act., Dig.

Nous pensons que le créancier qui a reçu de bonne foi une hypothèque sur la chose d'autrui aura également l'action hypothécaire utile dans le cas où le maître de cette chose devient précisément l'héritier du débiteur, puisqu'en général l'héritier doit ratifier les actes du défunt, quand même ils auraient été faits par celui-ci sur les biens de cet héritier et sans son consentement. C'est ce que décide Modestin dans la loi 22 du titre que nous examinons : « Si Titio, « qui rem meam ignorante me creditori suo « pignori obligaverit, heres exstitero, ex post- « facto pignus directo quidem non convalescit, « sed utilis pignoratitia dabitur creditori. »

Cette question paraît toutefois avoir divisé les jurisconsultes romains, car Paul, dans la loi 41, *de pig. act.*, Dig., nous donne une décision tout à fait opposée à celle de Modestin : « Rem alienam pignori dedisti, deinde dominus « rei ejus esse cœpisti : datur utilis actio pigno- « ratitia creditori. Non est idem dicendum, si « ego Titio, qui rem meam obligaverat sine « mea voluntate, heres exstitero ; hoc enim « modo pignoris persecutio concedenda non « est creditori ; neque utique sufficit ad com- « petendam utilem pignoratitiam actionem, « eumdem esse dominum, qui etiam pecuniam « debet..... »,

Plusieurs systèmes se sont produits pour tenter de concilier les lois de Paul et de Modestin. Nous allons les parcourir successivement.

Premier système.—Paul et Modestin n'ont pas en vue la même action. Modestin ne parle pas, dans la loi 22, de l'action hypothécaire, dont s'occupe Paul dans la loi 41, *de pig. act.* D'après les partisans de ce système (1), ce serait l'action personnelle pignératitienne (*pigneratitia contraria*) que Modestin reconnaîtrait au créancier contre l'héritier pour le contraindre à lui constituer *maintenant* le droit réel d'hypothèque que le défunt n'a pas pu établir en sa faveur. Paul, au contraire, s'occuperait de l'action hypothécaire utile (*pignoris persecutio*), et la refuserait au créancier, parce que, au moment de la constitution d'hypothèque, la chose n'appartenait pas au débiteur.

Nous repoussons ce système. Car, pour accorder cette action *pigneratitia contraria* même *utilis* au créancier, il faudrait qu'il y ait eu un contrat de gage formé, c'est-à-dire qu'il y ait eu tradition de la chose. Or ce n'est pas ce que suppose l'hypothèse de la loi 22; car le jurisconsulte n'y dit pas : *si Titio , qui rem meam ignorante me creditori suo pignori dederit.... ;* mais il dit :.... *pignori obligaverit,* ce qui indique qu'il y a eu seulement une consti-

___

(1) Noodt. — Doneau, l. vi, chap. vii, nᵒˢ 19 et 20.

tution de gage par simple convention, sans tradition. — D'ailleurs la place qu'occupe cette loi au titre *de pignoribus*, où l'on s'occupe de l'action hypothécaire, montre suffisamment que le jurisconsulte n'a pas eu en vue l'action *pigneralitia contraria*, dont il est traité spécialement au tit. 7 du livre XIII.

Deuxième système. — Modestin accorderait une action hypothécaire utile non pas contre le maître de la chose, mais contre tout autre détenteur, conformément à l'opinion de Paul qui, dans la loi 41, en refusant l'action au créancier, aurait eu en vue seulement le cas où la chose est entre les mains du propriétaire. — Ce système doit également être rejeté ; car dans la loi 22 de Modestin, la question ne peut pas être autre que celle de savoir si on accordera au créancier l'action hypothécaire contre le propriétaire de l'objet qui est devenu l'héritier du constituant. A quoi bon, en effet, aller supposer que le propriétaire de l'objet est devenu l'héritier du débiteur, pour résoudre ensuite la question de savoir si on doit donner l'action contre les autres possesseurs ?

Troisième système. — Il s'appuie sur le texte même de la loi 41. Ses partisans décident que, dans cette loi, le jurisconsulte Paul, de même que Modestin, dans la loi 22, accorde l'action hypothécaire au créancier. Seulement cette loi 41 ferait remarquer que, dans la deuxième hypothèse qu'elle prévoit, cette action est donnée par suite de considérations différentes de celles qui la font accorder dans la première hypothèse. Tel serait le sens des mots : *hoc enim modo* pignoris persecutio non est concedenda creditori. Dans le premier cas que présente la loi 41, on donne au créancier l'action hypothécaire utile parce que, pour le repousser, le débiteur serait obligé d'invoquer son dol ; dans le second cas, on l'accorde parce que l'héritier est tenu de reconnaître les faits de son auteur.

Ce système nous paraît mauvais, parce que la traduction exacte de la loi de Paul ne peut pas fournir cette interprétation.

Quatrième système. — Nous pensons que les deux lois qui nous occupent sont contradictoires et qu'on ne doit pas chercher à les concilier. La différence que l'on remarque entre elles tient à ce que Paul et Modestin ne vivaient pas à la même époque. Il est probable qu'au temps de Paul on n'accordait pas d'action hypothécaire utile au créancier dans l'hypothèse que nous venons de voir, tandis qu'on la lui donnait à l'époque de Modestin, qui vivait au temps des Gordiens, comme le prouve la loi 5, *ad exhibendum*, Code (III, 42). C'est sans doute par mégarde que les rédacteurs des Pandectes ont inséré à la fois, dans cet ouvrage, et la décision de Modestin, et l'avis abandonné de Paul (1).

Pour terminer ce qui concerne l'hypothèque conférée sur la chose d'autrui, nous dirons que le fils de famille ne peut pas hypothéquer *rem patris invito patre* (2), bien que, du vivant de son père, le fils soit réputé être copropriétaire avec lui de cet objet (3). C'est que le droit de propriété du père est regardé comme supérieur à celui du fils, et celui-ci ne peut rien faire à son insu et contre son gré, sur les biens communs, *quia potior potentiorque dominus est pater*.

Nous venons de voir quelle est la capacité nécessaire pour qu'une personne puisse constituer valablement un droit de gage ou d'hypothèque, et dans quels cas exceptionnels on peut établir ce droit même sur une chose qui ne nous appartient pas. Il nous reste à dire à quel moment, en dehors de ces cas exceptionnels, le constituant doit avoir la chose *in bonis suis*.

En général, c'est au moment de la convention d'hypothèque, parce que ordinairement

____

(1) M. Pellat (Cours de l'année 1851). — Pothier, tit. 1er, de pig., n° 20, note 3.

(2) L. 4, si aliena res, Code (VIII, 16).

(3) L. 11, de lib. et posth., Dig. (XXVIII, 2.)

c'est à ce moment que le droit de gage commence à exister (1). Au contraire, si le gage est établi en vue d'une obligation future, telle que l'une ou l'autre des parties peut encore se désister, il faudra considérer en outre le moment où les parties seront définitivement liées (2), et non pas seulement le moment où le droit de gage a été convenu ; car, ainsi que nous l'avons déjà dit, l'hypothèque, dans ce cas, ne commence à exister qu'au moment où l'obligation principale prend naissance. Si le débiteur hypothèque une chose à naître, il faut que la chose qui doit la produire lui appartienne au temps de la convention du gage (3).

§ 3. — Qui peut recevoir un droit de gage ou d'hypothèque.

Le gage ne peut être constitué qu'en faveur du créancier ; c'est ce qui fait que, bien que le débiteur puisse payer valablement entre les mains d'un *adjectus solutionis gratia*, il ne peut cependant pas lui consentir valablement un droit de gage ou d'hypothèque, et que, s'il lui a remis un gage, il pourra le redemander

---

(1) L. 1, pr.—L. 11, pr., qui potior., Dig. (xx, 4).
(2) L. 4, quæ res pig., Dig.
(3) L. 11, § 3, qui potior in pig., Dig.

comme donné sans cause, même avant d'avoir acquitté sa dette ; car cet *adjectus solutionis gratia* n'est nullement créancier : il n'a d'autre but que de faciliter l'exécution du payement au débiteur ; dès lors le gage, accessoire d'un droit de créance, n'a pas pu se fixer sur lui (L. 33).

La loi 28, *de pig.*, Dig., nous offre encore une application de ces principes. Voici l'hypothèse prévue par cette loi : Un legs conditionnel a été fait à un fils de famille ; nous savons que ce sera le père ou le fils qui profitera de ce legs, selon qu'au moment du *dies cedit* (c'est-à-dire à l'époque de l'accomplissement de la condition) le fils sera encore ou ne sera plus sous la puissance du père. Supposons qu'à la mort du testateur la condition ne soit pas encore accomplie ; l'héritier étant tenu, dans ce cas, de fournir une sûreté aux légataires conditionnels ou à terme qui, sans cela, seraient envoyés en possession, le père s'est fait donner, non pas un fidéjusseur, ce qui est la garantie ordinairement accordée en pareille circonstance, mais un gage. Plus tard, et avant l'accomplissement de la condition, le fils sort de la puissance paternelle ; puis la condition se réalise ; c'est donc lui qui devra profiter du legs. Mais qui pourra intenter l'action hypothécaire ? Ni le père ni le fils ne le pourront ; car, d'une part, c'est le père qui a reçu le gage, et il n'a plus d'intérêt puisqu'il n'est plus créancier; sa créance étant éteinte, le gage qui la garantissait tombe. Quant au fils, d'autre part, ce n'est pas à lui qu'a été donné le gage : il n'est devenu créancier qu'après sa constitution; il n'y a, donc aucun droit. La constitution d'hypothèque, qui a eu lieu, ne peut donc servir à personne. Pour que la convention produisît un effet, il eût fallu que le père stipulât le gage sous la condition qu'il serait créancier du gage, et le fils sous la condition que ce serait lui qui en deviendrait créancier.

Nous avons déjà dit précédemment que les mandants ne pouvaient pas acquérir une hypothèque par leurs mandataires. Nous avons mentionné en même temps la modification apportée par Justinien à ces principes (1).

SECTION V.

Étendue du droit de gage ou d'hypothèque.

La constitution du droit de gage ou d'hypothèque est ou spéciale ou générale. Elle est spéciale quand elle ne porte que sur certains objets individuellement déterminés, ou sur un certain ensemble de choses d'un genre déterminé formant un tout intellectuel : *universitas.*

---

(1) L. 2, per quas pers., Code (iv, 27).

Elle est générale quand, sans désignation d'aucune chose, elle porte sur toutes les choses que le constituant a ou aura (L. 1, *de pig. et hyp.*).

§ 1er. — Du droit de gage spécial.

Lorsque l'hypothèque a été constituée *spécialement*, il faut rechercher, pour connaître son étendue, quelles choses ont été comprises dans la convention ; car les choses seules dont on est convenu sont frappées du droit de gage. Ainsi, quand un débiteur hypothèque un de ses esclaves à son débiteur, le pécule de cet esclave, à quelque époque qu'il ait été acquis, n'est pas soumis à ce droit de gage (L. 1, § 1) ; car le pécule ne rentre pas dans la désignation d'esclave et n'en peut être regardé comme une partie (*accessio*), un démembrement. C'est là une chose parfaitement distincte de sa personne et qu'il acquiert par son travail. C'est par la même raison que l'acheteur à qui l'esclave Stichus aurait été vendu n'aurait aucun droit non plus sur le pécule que cet esclave aurait au moment de la vente (1). Nous verrons qu'il en est différemment des fruits de la chose hypothéquée, lesquels seront soumis au

---

(1) L. 29, de contrah. empt., Dig. (xviii, 1.)

droit de gage, comme la chose elle-même. C'est
que ces fruits proviennent, sortent de cette
chose dont ils sont un démembrement, et que
l'hypothèque est un droit qui s'étend à toutes
les parties de la chose qui en fait l'objet.

De même, quand un débiteur a hypothéqué
prædia et mancipia quæ in prædiis erant, cette
hypothèque ne s'étend pas aux esclaves nouveaux qui ont remplacé les esclaves morts si
ces esclaves nouveaux n'ont pas été eux-mêmes
hypothéqués ou s'ils ne sont pas nés de femmes
esclaves hypothéquées (L. 26, § 2).

Mais, conformément à l'opinion de Cujas, il
faudrait donner une solution différente si le
débiteur avait hypothéqué *prædia et omnem
familiam rusticam;* car dans cette dénomination
de *familia*, il faut aussi comprendre les esclaves substitués aux anciens et qui empêchent
ainsi la *familia* de disparaître, par analogie à
ce qui se passe dans le cas où on a hypothéqué
un troupeau (L. 13) (1).

Pour bien connaître l'étendue de la convention, il faut avoir soin de bien peser les expressions dont on s'est servi pour déterminer les
objets constitués en gage, de bien considérer
quel est le sens exact de la dénomination qui
leur a été appliquée. Ainsi, si le débiteur a

---

(1) Cujas sur les réponses de Modestin, liv. IV.

hypothéqué un troupeau, *grex* (L. 13, pr.), et que tout le troupeau ait été renouvelé par des brebis substituées peu à peu aux premières, le nouveau troupeau sera néanmoins réputé être le même que celui qui a été hypothéqué primitivement. Car le mot *troupeau* (*grex*) désigne un être collectif qui subsistera indépendamment des êtres individuels qui entreront dans sa composition. Si, au contraire, le débiteur avait constitué un droit de gage sur un animal déterminé du troupeau, sa mort éteindrait l'hypothèque.

Ce qui fait que la décision de la loi 26, pr., n'est pas la même que celle de la loi 13, pr., c'est que dans l'espèce de la première de ces deux lois, le constituant n'a pas reçu un droit de gage sur une chose qui consistait en une certaine universalité, comme dans la loi 13, mais sur des esclaves qui étaient à ce moment des individus parfaitement déterminés.

Si un marchand a hypothéqué *quæ sunt in taberna*, quand ces marchandises seront vendues, celles qui viendront occuper leur place ne seront pas affectées du droit d'hypothèque. Mais si ce marchand a dit qu'il hypothéquait *tabernam*, il en sera différemment (L. 34, pr.). Dans ce cas, le droit de gage frappera toutes les marchandises qui se trouveront dans la boutique au moment où le créancier exercera son droit.

La solution est donc ici la même que celle que nous avons donnée sur la loi 13, pr. Toutefois, il faut signaler une différence entre les deux hypothèses, différence qui résulte de la convention tacite des parties. En effet, tout commerce supposant la vente des marchandises, le créancier ne pourra pas, dans le cas où le débiteur a hypothéqué *tabernam*, poursuivre chez les tiers acquéreurs celles de ces choses qui viendront à être vendues; car il a tacitement renoncé à son droit de gage sur ces choses, à raison de la profession de son débiteur; sans cela tout commerce serait impossible. Au contraire, celui qui engage une universalité dont les individus ne font pas l'objet de son commerce ne peut pas les aliéner libres de tout droit d'hypothèque, et, dans ce cas, le créancier intentera avec succès l'action hypothécaire contre les acquéreurs.

En résumé, pour connaître l'étendue du gage spécial, il faut rechercher, non pas quels objets existaient au moment de la convention d'hypothèque, mais ce que la dénomination de la chose et l'intention des parties comprenaient (L. 32).

L'hypothèque spéciale comprend non-seulement la chose engagée, mais encore ses accessoires, ses dépendances, ce qui s'y adjoindra ou ce qui en proviendra. En effet, quand une chose est hypothéquée, elle l'est pour le tout : donc, les accessions de cette chose, qui deviennent des parties du tout, seront également soumises au droit de gage. C'est ainsi que l'alluvion est hypothéquée comme le fonds lui-même (L. 16). De même, si une maison a été hypothéquée, le sol sur lequel elle est construite est lui-même hypothéqué (1). Si cette maison vient à périr, et qu'une nouvelle maison soit bâtie plus tard, soit par le débiteur (L. 35), soit par un acquéreur du fonds (L. 29, § 2), le nouvel édifice sera affecté du droit de gage. En effet, la maison étant censée ne faire qu'une seule chose avec le sol quand elle a été détruite, l'immeuble a été diminué, mais le sol est resté pour conserver l'hypothèque. Plus tard, lors de la reconstruction, l'immeuble s'est agrandi, et le droit de gage a saisi les diverses modifications de la chose. Le créancier gagiste pourra donc faire valoir son droit sur la nouvelle maison. Mais il ne faut pas toutefois que cela nuise au possesseur de bonne foi du sol, qui a reconstruit la maison : celui-ci pourra exiger, avant de restituer l'édifice au créancier gagiste, que ce créancier lui rembourse ses dépenses jusqu'à

____

(1) L. 21, de pig. act., Dig.

concurrence de la plus-value qu'a reçue le sol (1). « Sed bona fide possessores non aliter « cogendos creditoribus ædificium restituere, « quam sumptus in exstructione erogatos, qua- « tenus pretiosior res facta est, reciperent. » (Paul, L. 29, § 2.)

Toutefois, les jurisconsultes romains paraissent avoir été partagés sur ce dernier point, et Africain refuse au contraire le droit d'exiger cette plus-value. L. 44, § 1, *de damno infecto*, Dig. (XXXIX, 2) : « Une personne envoyée en « possession à raison du dommage à venir, a « acquis par usucapion la propriété de cette « maison ; ensuite, elle est poursuivie par un « créancier à qui cette maison avait été hypo- « théquée. Il est raisonnable de dire que la « poursuite sera arrêtée tant que le créancier « n'aura pas remboursé les dépenses faites pour « les réparations de la maison. Pourquoi donc « ne doit-on pas décider de même en faveur « de l'acheteur d'un maison hypothéquée : *cur* « *ergo non emptori quoque id tribuendum, si forte* « *quis insulam pignoratam emerit?* On ne peut « comparer les deux cas. En effet, celui qui a « acheté la maison l'a fait de son plein gré; il « aurait donc dû prendre ses précautions et se « faire garantir par le vendeur. Au contraire,

---

(1) L. 14, de dol. except., Dig. (xliv, 4).

« celui qui a été envoyé en possession n'a pu
« se rien faire promettre. »

En effet, il n'a pas contracté avec le propriétaire.

Cujas concilie les lois 29, § 2, *de pig.*, et 44,
§ 1, *de dam. inf.*, en faisant remarquer que,
prévoyant deux hypothèses différentes, elles
ne se contredisent pas en donnant deux solutions différentes. En effet, dit-il, la loi 29, § 2,
parle de *frais de reconstruction*, tandis que c'est
de *frais de réparations* qu'il est question dans
la loi d'Africain. Que conclure de là, si ce n'est
que les jurisconsultes romains décidaient que
le créancier doit à l'acquéreur du sol, au possesseur de bonne foi, les premiers de ces frais,
et ne doit pas les seconds?

Nous ne saurions admettre ce système, et
nous pensons avec M. Pellat (1) qu'on ne doit
pas tenter de concilier ces lois. Paul et Africain différaient donc. Il est bien vrai que, dans
la loi d'Africain, il ne s'agit que de réparations
faites à la maison ; tandis que, dans là loi de
Paul, il est question de la reconstruction de la
maison même ; mais on ne saurait trouver
dans cette différence de circonstances un motif
de décider diversement dans chacun des deux
cas ; car s'il est vrai que, sans les dépenses de

______

(1) Cours de l'année 1851.

reconstruction, le créancier n'aurait pas eu d'hypothèque sur l'édifice, il est également vrai que, sans les dépenses faites pour le réparer, la maison se serait peut-être écroulée ou aurait tout au moins diminué de valeur au grand détriment du créancier. Il y avait donc divergence d'opinions entre Paul et Africain sur la question que nous venons d'examiner.

Le gage constitué sur des choses individuellement déterminées s'étend aussi aux fruits qu'elles produiront, quoiqu'on n'en ait pas fait spécialement la convention; car ce sont là des portions de la chose principale hypothéquée, et qui en suivent le droit.

Néanmoins, les fruits déjà perçus de la chose engagée n'appartiennent au créancier gagiste qu'autant qu'ils ont été perçus après l'action intentée, après la *litis contestatio*, ou que, perçus antérieurement, ils sont encore chez celui qui les a perçus. Encore le créancier hypothécaire ne peut-il poursuivre ces fruits que dans le cas où la chose principale ne suffirait pas à l'acquittement de la dette (L. 1, § 2, *de pig.*; L. 16, § 4).

Toutefois, tel n'était pas à notre avis le droit des Pandectes en ce qui concerne les fruits perçus avant la *litis contestatio*, et qui, non consommés, sont encore chez celui qui les a perçus. Nous pensons que le possesseur de bonne foi n'avait pas à rendre ces fruits, quoique les lois 16, § 4, et 1, § 2, disent le contraire. C'est que dans ces lois les mots *consumptos*, d'une part, et *nisi exstent et res non sufficit*, d'autre part, ont été ajoutés par les compilateurs pour mettre ces textes en harmonie avec le droit nouveau. En effet, des constitutions émanées du Bas-Empire (1) décidèrent que le possesseur de bonne foi qui, autrefois, faisait siens tous les fruits perçus avant la *litis contestatio*, qu'ils fussent ou non consommés, ne ferait plus siens d'une manière irrévocable que ceux qui seraient consommés (2).

Quant au possesseur dè mauvaise foi, conformément au droit commun, il sera tenu de tous les fruits antérieurement perçus, même de ceux qui n'existeraient plus.

Doit-on dire que la part de l'esclave hypothéquée, quoiqu'il ne soit pas un fruit, est lui-même frappé d'un droit d'hypothèque, bien que les parties n'aient fait aucune convention à cet égard ? Nous trouvons à ce sujet trois textes, tous du même jurisconsulte, de Paul, et qui semblent donner trois décisions différentes.

----

(1) Const. de Dioclétien et Maximien, L. 22, de rei vind., Code (III, 82).

(2) M. Pellat (Cours de l'année 1851), Traité sur la revendication, page 806.

Dans ses Sentences (lib. ii, tit. 5, § 2), Paul nous dit que l'enfant d'une esclave engagée n'est pas soumis au droit de gage, quand on n'en est pas expressément convenu : « Fetus vel « partus ejus rei quæ pignori data est, pignoris « jure non tenetur, nisi hoc inter contrahentes « convenerit. »

Dans la loi 29, § 1, de notre titre *de pig. et hyp.*, Paul nous dit que cet enfant est soumis au droit de gage, mais seulement s'il est né chez le débiteur ou chez son héritier : « Si « mancipia in causam pignoris ceciderunt, ea « quoque, quæ ex his nata sunt, eodem jure « habenda sunt. Quod tamen diximus, etiam « adgnata teneri, sive specialiter de his conve- « nerit, sive non, ita procedit, si dominium « eorum ad eum pervenit, qui obligavit, vel « heredem ejus. Cæterum si apud alium do- « minum pepererint, non erunt obligata. »

Enfin dans la loi 18, § 2, *de pig. act.*, Dig., ce même jurisconsulte dit que le droit d'hypothèque frappe même l'enfant qui naît chez un autre maître que le débiteur ou son héritier : « Si fundus pignoratus venierit, manere causam « pignoris, quia cum sua causa fundus tran- « seat, sicut in partu ancillæ, qui post vendi- « tionem natus sit. »

Nous pensons que ces trois textes, si divergents en apparence, ne se contredisent cepen-

dant pas, parce que nous croyons qu'ils ne pré-
voient pas les mêmes hypothèses. Dans ses Sentences, Paul nous parle des enfants nés avant
l'époque où l'hypothèque a été constituée sur
leur mère, et nous avertit que ces enfants, dans
ce cas, ne seront pas affectés de ce droit de gage,
si une convention spéciale d'hypothèque n'est
pas intervenue à leur égard (1).

Que si l'enfant de l'esclave est né postérieurement à l'hypothèque établie sur sa mère,
il y a plusieurs distinctions à faire : est-il né
chez le débiteur ou chez son héritier, il sera
affecté du droit de gage : il en sera de même si,
né chez l'acquéreur de sa mère, il a été conçu
chez le débiteur (L. 18, § 2, *de pig. act.*, Dig.;
L. 1, pr., *de salv. interd.*, Dig. XLIII, 33). A-t-il
été conçu et est-il né chez l'acquéreur de sa
mère, il est libre de tout droit de gage (L. 29,
§ 1, *de pig.*) (2).

C'est donc le moment de la conception qu'il
est important d'examiner pour savoir si cet enfant sera ou non soumis au droit d'hypothèque.

Nous appuyons notre décision sur une distinction semblable que nous trouvons dans les
textes au sujet de l'usucapion.

---

(1) Pothier, liv. xx, tit. III, n° 17, note 2.

(2) M. Pellat, traduct. de Schilling, p. 22, et Cours de l'année 1851
sur les hypothèques et sur l'action pignératitienne.

Les choses volées ne peuvent pas être usucapées, même par un possesseur de bonne foi. Si
donc le voleur vendait une esclave qu'il avait
prise, la bonne foi de l'acquéreur ne le conduisait pas à l'usucapion ; mais, dans le cas où un
enfant naissait de cette esclave, on se demandait s'il était entaché du même vice que sa
mère relativement à l'usucapion. On décidait
affirmativement dans le cas où il avait été conçu
chez le voleur, et négativement dans le cas où
il avait été conçu chez le possesseur de bonne
foi : « Ancilla, si subripiatur prægnans, vel apud
« furem concepit, partus furtivus est, sive apud
« furem edatur, sive apud bonæ fidei possesso
« rem... Sed si concepit apud bonæ fidei posses
« sorem, ibique pepererit, eveniet ut partus
« furtivus non fit, verum etiam usucapi possit »
(Loi 48, § 5, *de furt.*, Dig. 48, 2).

Cujas concilie d'une manière un peu différente les textes de Paul. Suivant lui, ce jurisconsulte, dans ses Sentences, aurait eu en vue
tout à la fois le cas où la mère a été hypothéquée postérieurement à la naissance de ses
enfants et celui où l'enfant de cette esclave,
quoique né postérieurement à la constitution
de l'hypothèque, serait né chez l'acquéreur de
la mère (L. 29, § 1, *de pig.*). Dans ces deux cas,
ces enfants échapperaient au droit de gage,
alors même que, dans la deuxième hypothèse,

l'enfant aurait été conçu chez le débiteur; car, dit-il, cet enfant n'a jamais été *in bonis debitoris*, et cela *quia non est antequam in lucem editus sit*. Ainsi seront hypothéqués tacitement seulement les enfants de l'esclave nés chez le débiteur ou son héritier. Tel est le droit rigoureux.

Cependant, ajoute-t-il, dans le cas où la mère ne suffira pas pour indemniser le créancier, et où les enfants nés chez l'acquéreur y seraient encore, par une interprétation plus douce, *benignius est*, en vertu de son *arbitrium*, le juge considérera ces enfants comme hypothéqués tacitement, en colorant cette décision de cette raison que, bien que le part né chez l'acheteur *nunquam debitoris fuerit*, cependant la femme qui l'a produit appartenait au débiteur à l'époque où l'obligation a été contractée ; c'est en ce sens qu'il faut entendre la loi 18, § 2, *de pig. act.* Ainsi ce part de l'esclave, né chez l'acheteur, s'il existe encore, sera soumis à l'action hypothécaire non pas directement, mais en vertu de l'*arbitrium judicis*, et parce que l'action Servienne est une action arbitraire (1).

Le droit de gage constitué spécialement sur une chose déterminée ne s'étend pas :

1° A ce qui ne se trouve en rapport avec

---

(1) Cujas, sur le Code, liv. viii, tit. 25,—Paul, liv. xxix, ad edictum.

cette chose que d'une manière transitoire
(L. 32).

2° A ce qui a été acquis avec l'argent hypothéqué ou avec le prix provenant de la vente
des choses hypothéquées ou de leurs fruits (1).

3° A la nouvelle espèce produite par la transformation de la *chose mobilière* hypothéquée, si
le contraire n'a pas été convenu lors de la
constitution du gage (L. 18, § 3, *de pig. act.*).
Voici l'espèce prévue par cette loi : Le débiteur
hypothèque une forêt, puis il en abat les ar-
bres et en fait faire des navires. L'hypothèque
ne portera pas sur ces navires, à moins qu'on
ne soit convenu que le droit de gage porterait
sur la forêt et sur tout ce qui en provien-
drait.

Au contraire, s'il s'agit de choses immobi-
lières, leur changement, leur transformation ne
fait pas disparaître le droit de gage qui les
grève (L. 16, § 2).

§ 2. — Du droit de gage général.

L'hypothèque constituée sur tout le patrimoine du débiteur comprend d'abord évidemment tous ses biens présents, comme si chacun
d'eux avait été hypothéqué séparément et spé-

---

(1) L. 7, § 1, qui pot., Dig. ; L. 3, in quib. caus., Code (viii, 15).

cialement ; elle comprend également tous les biens que le constituant acquerra dans l'avenir (1).

Dans l'origine le constituant indiquait formellement, dans la formule, qu'il hypothéquait non-seulement ses biens présents, mais encore ses biens à venir. Mais Justinien (2) déclare que cette mention n'est plus nécessaire et que toute hypothèque générale comprend les biens présents et futurs du constituant.

Il est bien évident que l'hypothèque générale ne comprend pas les biens que l'héritier du constituant a acquis autrement que *ex jure hereditario* (L. 20, pr.)

Il faut excepter de l'hypothèque générale certains biens que le débiteur est présumé n'avoir pas voulu y comprendre. Ce sont les choses auxquelles il doit tenir plus spécialement, soit à cause d'un intérêt d'affection, soit à cause de leur usage journalier et nécessaire (L. 6, 7, 8 et 9, *de pig. et hyp.*) (3).

Mais l'hypothèque générale comprend même l'argent, les écus qui se trouveront dans les

______

(1) Le débiteur, en constituant cette hypothèque sur des choses à venir, qui sont alors choses d'autrui, était réputé l'avoir fait tacitement sous la condition : « Si ces choses deviennent miennes, » ce qui était permis, comme nous l'avons dit précédemment.

(2) L. 9, quæ res pig., Code (viii, 17).

(3) Paul, Sent., liv. v, tit. 6, § 16 ; L. 1, quæ res pig., Code.

biens du débiteur, quoiqu'ils proviennent d'un emprunt fait par lui à un second créancier (L. 34, § 2), car ces écus deviennent la propriété du débiteur ; dès lors le premier créancier, qui a reçu une hypothèque générale, pourra, s'il n'est pas payé, se faire livrer ces écus, quelque dur qu'il soit pour le second créancier de voir saisir par un autre l'argent qu'il a prêté et qui se trouve encore entre les mains de son débiteur.

CHAPITRE II.

DES EFFETS DU DROIT DE GAGE OU D'HYPOTHÈQUE. — DES PACTES QUI MODIFIENT CES EFFETS.

SECTION Ire.

Droit du constituant ou du débiteur gagiste ou hypothécaire.

Avant de rechercher quels sont les effets du gage à l'égard du créancier, nous allons donner un aperçu rapide de la position dans laquelle se trouve le débiteur.

Même après la constitution du gage, le constituant demeure propriétaire de la chose engagée ou hypothéquée, tant qu'elle n'a pas été régulièrement vendue. De là il résulte :

1° Que les risques de la chose, ses augmentations ou diminutions accidentelles sont pour le compte du constituant (L. 21, § 2).

2° Que celui-ci conserve la jouissance de la chose hypothéquée, à moins que ce droit n'ait été transféré au créancier pour quelque cause particulière.

3° Que le constituant peut disposer de la chose en tant qu'il n'atteint pas le droit du créancier. Il pourra donc grever cette chose de servitudes, l'affecter de nouvelles hypothèques. Dans ce dernier cas, pour éviter le crime de stellionat, il doit avertir le second créancier que la chose qu'il lui hypothèque a déjà été engagée à un premier créancier (L. 15, § 2), à moins que l'excédant de valeur de la chose sur la première dette (*hyperocha*), ne soit suffisant pour garantir le deuxième créancier (1).

On s'est demandé ce qu'il arriverait si le débiteur, en conférant le droit de gage sur une chose déjà affectée d'un semblable droit envers un premier créancier, a dit qu'il hypothéquait cette chose *pour l'excédant*. Doit-on admettre, dans ce cas, que, si le premier créan-

---

(1) L. 36, § 1, de pig. act., Dig.

cier vient à être payé sans avoir besoin de recourir à son droit de gage, l'hypothèque constituée au deuxième créancier grèvera la chose *entière?* Gaïus admet cette solution. En effet, on a entendu ici hypothéquer ce qui resterait de la chose après qu'elle serait débarrassée de l'hypothèque du premier créancier. Or, si celui-ci est payé autrement, il reste tout : la totalité de l'objet doit donc être soumise au droit de gage (L. 15, § 2).

Le constituant peut aliéner la chose, mais l'hypothèque la suivra entre les mains du nouveau propriétaire, à moins que l'aliénation n'ait eu lieu avec le consentement du créancier (1), comme nous en avons vu un exemple dans le cas où il s'agit des marchandises d'une *taberna* qui a été hypothéquée (L. 34).

Si le débiteur vend, sans le consentement et à l'insu du créancier, une chose mobilière spécialement hypothéquée, il se rend coupable de vol, ce qui n'empêche cependant pas la translation de la propriété à l'acquéreur (2).

4° Que le constituant peut disposer, pour cause de mort, de la chose soumise au gage.

5° Qu'il peut la revendiquer contre les tiers autres que le créancier, et même contre ce der-

---

(1) L. 15, de pig., Code; L. 18, § 2, de pig. act.

(2) L. 49, § 6, et L. 66, pr., de furtis, Dig. (xlvii, 2). — Instituts, § 10, de oblig. quæ ex delict. (iv, 1.) — L. 36, de nox. act., D. (ix, 4).

nier si celui-ci n'a qu'une simple hypothèque, ou si, ayant reçu la chose en gage, il la garde après que la dette a été complétement éteinte (1).

Nous savons enfin que le constituant continue à posséder *ad usucapionem;* il continuera et achèvera l'usucapion commencée, lors même que le créancier aurait la possession de la chose, pourvu que celui-ci n'ait pas transféré cette possession à une autre personne (2).

SECTION II.

Droits du créancier gagiste ou hypothécaire.

Les droits communs accordés au créancier gagiste proprement dit et au créancier hypothécaire consistent :

1° Dans le droit de vendre la chose à défaut de payement à l'échéance de la dette;

2° Dans le droit de se faire payer, sur le prix provenant de la vente, par préférence aux autres créanciers;

3° Dans le droit de suite contre les tiers détenteurs.

Le créancier gagiste proprement dit, c'est-à-dire celui qui a reçu la chose, a le droit de la

---

(1) L. 9, de pig., Code (viii, 14).

(2) L. 16 et L. 33, § 4, de usurp. et usucap., Dig. (xli, 3,)

posséder et de la détenir jusqu'au payement. Le créancier hypothécaire, au contraire, n'acquiert ce droit que s'il n'est pas payé à l'échéance, et à cette époque sa position devient tout à fait la même que celle du créancier qui a reçu le gage lors de la convention.

Le créancier ne doit pas se procurer, de sa propre autorité, la possession de la chose hypothéquée, quand même il y aurait été autorisé par la convention. Il doit recourir à l'autorité du magistrat (L. 3, *de pig.*, Code). C'est là une mesure d'ordre public dont la convention, qui serait intervenue entre les parties, ne pourrait dispenser le créancier. Cependant, celui-ci, en se mettant lui-même en possession de l'objet, ne se rendrait pas, dans ce cas, passible d'une violence criminelle, comme dans le cas où il aurait enlevé le gage en dehors de toute convention (1), puisqu'il a pour lui la volonté du débiteur. Aussi ce sera par un interdit *momentariæ possessionis*, et non pas par l'interdit *unde vi*, que le créancier sera tenu de rendre la possession (2).

Quelques commentateurs ont soutenu à tort que le créancier qui s'est mis en possession en

---

(1) Paul, Sent., liv. ii, tit. 14, § 5.

(2) Cujas sur la loi 3, de pig., au Code. — Pothier, liv. xx, tit. 1er, n° 28, note 3.

vertu d'une convention faite entre lui et le constituant, mais sans l'autorisation du magistrat, n'agit pas *recte*, mais que cependant il agit impunément. Ils appuient cette décision sur la loi 11, *de pig. act.*, Code (IV, 24), où il est dit : « Creditorem suo arbitrio non posse au-« ferre rem debitoris citra conventionem *vel* « auctoritatem judicis. » C'est-à-dire que le créancier ne peut pas enlever la chose du débiteur sans le consentement de celui-ci *ou* sans l'autorisation du juge ; donc, dit-on, il le peut avec l'autorisation du débiteur. C'est là une erreur : le mot *vel* doit être pris, dans la loi 11, *de pig. act.*, comme une conjonction et non pas comme une disjonction, ce dont les textes offrent d'assez nombreux exemples, de sorte que la loi 11 signifie que le débiteur ne peut enlever la chose de son débiteur sans son consentement, c'est-à-dire si elle ne lui a pas été hypothéquée, *et* sans l'autorisation du magistrat, c'est-à-dire sans agir par l'action quasi-Servienne.

Le créancier gagiste proprement dit, et le créancier hypothécaire qui a obtenu la possession de l'objet, ont les interdits. Ils leur servent à conserver ou à recouvrer la possession de la chose engagée (1).

---

(1) L. 16, de usuc. et usurp., Dig. (XLI, 3).

I. *Droit de vendre la chose hypothéquée.*

Ce droit, sans lequel le droit de gage n'atteindrait qu'imparfaitement son but, devint si essentiel à la convention de gage ou d'hypothèque, que le pacte *ne vendere liceat* ne pouvait pas lui-même l'enlever au créancier (1). La manière dont la vente du gage doit s'effectuer est exposée dans le titre 5 du livre XX.

II. *Droit de préférence.*

Ce qui concerne ce droit fait l'objet du titre 4 du livre XX.

III. *Droit de suite.*

C'est la faculté d'accorder au créancier d'agir contre tout détenteur de la chose hypothéquée pour se la faire remettre, si celui-ci n'aime mieux payer la dette (L. 16, § 3). Les moyens pour le créancier de faire valoir ce droit sont : l'action Servienne et l'action quasi-Servienne ou hypothécaire. Enfin le créancier, qui a des interdits pour faire respecter sa possession, quand elle est troublée, en a également pour la

---

(1) L. 4, de pig. act., Dig.

recouvrer quand il l'a perdue. Il a en outre
un interdit particulier nommé *interdictum Salvianum*.

§ 1er. — De l'action quasi-Servienne ou hypothécaire.

Nous avons dit précédemment comment l'action Servienne, applicable à une seule hypothèse, ne tarda pas à être étendue à tous les
cas de gage, sous la dénomination d'action
quasi-Servienne ou hypothécaire.

L'action hypothécaire est une action prétorienne, réelle (L. 17), *re persecutoria* (1), et
arbitraire.

Cette action suppose que le demandeur a un
droit de gage valable et qu'il n'est pas en possession. Le créancier qui possède est protégé
contre toute attaque par l'exception : *si res
mihi non sit obligata* (2).

L'action hypothécaire se donne contre tout détenteur, même contre un créancier hypothécaire
postérieur en possession du gage (3). Le gage est,

----

(1) L. 18, de pig., Code (viii, 14).

(2) L. 12, qui potiores, Dig.

(3) Mais l'action quasi-Servienne ne peut pas être intentée efficacement par un créancier hypothécaire postérieur contre un créancier hypothécaire antérieur, ni contre celui qui a acheté la chose de ce premier
créancier (L. 12, pr., et § 7, qui pot., Dig.), à moins que cette chose
n'ait été hypothéquée au deuxième créancier avec le consentement du
premier (L. 12, § 4, qui pot., Dig.).

en effet, un droit réel qui suit la chose dans quelque main qu'elle passe. Aussi la chose jugée, postérieurement à la constitution du gage, contre le débiteur qui a succombé en revendiquant sa chose contre un possesseur étranger, ne nuit pas au créancier auquel il l'avait hypothéquée auparavant. Celui-ci garde son action hypothécaire contre le tiers détenteur, qui a vaincu le constituant sur la question de propriété, et, s'il prouve mieux son droit que ne l'a fait son débiteur, s'il montre que la chose était *in bonis debitoris* au temps où a eu lieu la constitution du gage, il obtiendra la possession de l'objet (L. 3, pr.). Au contraire, le créancier n'aurait pas cette action hypothécaire si la constitution du gage n'avait eu lieu qu'après la perte du procès par le constituant, et cela quand bien même celui-ci aurait succombé *per injuriam judicis* (L. 3, § 1). Car, dans ce cas, il a été jugé que la chose n'était pas *in bonis debitoris;* celui-ci n'a pas pu, par conséquent, transférer à son créancier plus de droits qu'il n'en avait lui-même, et le tiers opposera efficacement l'exception *rei judicatæ* à l'action hypothécaire du créancier. Tout ceci est confirmé par la loi 11, § 10, *de except. rei jud.* (Dig., lib. XLIV, tit. 2).

Même dans le cas où la convention de gage est antérieure au procès en revendication in-

tenté par le constituant, le créancier hypothécaire ne conserverait pas l'action quasi-
Servienne :

1° S'il avait été partie dans le procès dans
lequel le constituant a succombé ;

2° Si, sachant que le constituant allait agir,
il ne l'a pas arrêté, en agissant lui-même à
titre de créancier gagiste, car il est réputé alors
confier le soin de sa cause à son débiteur et
accepter d'avance, aussi pour lui, la sentence
qui sera rendue contre celui-ci (1). Cependant,
dans cette seconde hypothèse, il en sera différemment : 1° si le débiteur a perdu son procès
par suite d'une collusion, par exemple parce
qu'il a agi contre un adversaire fictif, qu'il a
laissé triompher afin de se débarrasser du droit
de gage qu'il avait constitué à son créancier (2);
2° si le débiteur a succombé, *causa non cognita*,
c'est-à-dire pour n'avoir pas comparu, par défaut ; on ne peut pas dire, en effet, que, dans
ce cas, le débiteur ait succombé parce qu'il avait
tort.

L'action hypothécaire est accordée non-
seulement au créancier qui, le premier, a reçu
un droit de gage sur la chose, mais encore aux
créanciers hypothécaires postérieurs, pourvu

---

(1) L. 29, § 1, de except., Dig. (XLIV, 2).
(2) L. 5, de pig., Code (VIII, 14).

qu'ils n'agissent pas contre un créancier hypothécaire antérieur (1).

Le demandeur qui agit par l'action quasi-
Servienne doit prouver son droit de créance,
le fait de la constitution d'hypothèque, la circonstance que le défendeur est en possession
de la chose hypothéquée ou qu'il a cessé de la
posséder par son dol (L. 16, § 3). S'il agit
contre un autre créancier hypothécaire, il doit,
de plus, prouver qu'il lui est préférable (2).

Souvenons-nous aussi que le créancier doit
établir que le débiteur avait la chose *in bonis
suis*, au moment où il a constitué l'hypothèque :
*Si paret rem tempore quo contractum est, in bo-
nis debitoris fuisse* (L. 15, § 1).

Cependant, quand il ne s'agira pas d'un gage
spécial, mais bien d'une hypothèque générale,
c'est-à-dire comprenant même les biens futurs
du débiteur, le demandeur n'aura pas à faire
cette preuve en ce qui concerne ces derniers
biens; ce qu'il devra prouver à leur égard,
c'est qu'ils sont entrés depuis dans le patrimoine du débiteur.

L'époque à laquelle le créancier peut faire
usage de l'action hypothécaire varie selon qu'il

---

(1) L. 12, § 7, qui pot., Dig.
(2) L. 12, pr., qui potiores, Dig.

y a gage proprement dit ou simplement hypothèque.

S'il y a eu gage proprement dit, le créancier
peut intenter l'action hypothécaire à quelque
moment que ce soit, même avant l'échéance
du terme pour le payement, afin de recouvrer
la possession de la chose. S'il y a eu simplement hypothèque, le créancier ne peut agir
qu'autant qu'il n'y a pas eu payement à
l'échéance; on suppose, en effet, facilement,
dans ce cas, que le terme mis à l'exercice de
l'action personnelle s'étend aussi à l'action hypothécaire (L. 5, § 1, *quib. mod. pig.*) : « Si
« paciscatur creditor, ne intra annum pecu-
« niam petat, intelligitur de hypotheca quo-
« que idem pactus esse. »

Cependant la loi 14, *de pig.*, semble décider
formellement le contraire : « Quæsitum est si
« nondum dies pensionis venit, an et medio
« tempore persequi pignora permittendum sit.
« Et puto dandam pignoris persecutionem,
« quia interest mea : et ita Celsus scribit. »

On a donné deux manières de concilier ces
actes :

Premier système. — Le créancier peut intenter l'action hypothécaire avant l'échéance du
terme mis à la créance, si la chose court des dangers entre les mains du débiteur (c'est l'hypothèse de la loi 14, *de pig.*); sinon, le créancier

doit attendre le jour fixé pour le payement pour agir (c'est l'hypothèse prévue par la loi 5, § 1, *quib. mod.*).

Second système. — M. Pellat propose une autre conciliation qui nous paraît devoir être préférée, parce qu'elle a pour base un examen attentif des deux textes, des expressions qu'ils emploient, et qu'elle ne s'appuie pas sur des circonstances comme celles que produisent gratuitement les partisans de la première opinion.

Nous pensons que dans la loi 14 d'Ulpien, il est question d'un créancier gagiste proprement dit, c'est-à-dire qui avait reçu de suite la possession (*an et medio tempore persequi pignora permittendum sit*). Aussi cette loi décide-t-elle que si le créancier gagiste vient à perdre la possession de l'objet, il pourra intenter l'action hypothécaire, même avant l'échéance de la dette pour recouvrer cet objet. Dans la loi de Marcien, au contraire, le créancier est simplement hypothécaire; il n'a pas été mis en possession, il s'est contenté d'un simple pacte d'hypothèque : *intelligitur de hypotheca quoque idem pactus esse.* S'il s'est contenté de ce simple pacte d'hypothèque, sans exiger le contrat de gage, la possession immédiate de la chose, c'est qu'il ne tenait pas non plus à exercer l'action hypothécaire avant l'action personnelle, et le terme qui retarde l'une doit également suspendre l'exercice de l'autre (L. 5, § 1, *quib. mod.*).

Si la dette garantie par une hypothèque est conditionnelle, le créancier ne peut agir qu'après l'arrivée de la condition. En effet, tant que la condition ne se sera pas réalisée, il ne lui est réellement rien dû, et, comme on ne peut pas concevoir un gage sans une dette à laquelle il puisse se rattacher (1), il succombera s'il intente l'action hypothécaire. Néamoins la condition venant plus tard à se réaliser, le créancier pourra de nouveau, dans ce cas, intenter l'action hypothécaire (L. 13, § 5). Il n'aura pas à redouter qu'on le repousse alors en invoquant les principes du droit romain sur la *plus petitio;* car, quand il a été vaincu la première fois, ce n'est pas pour avoir intenté une action dont il aurait abusé en demandant plus qu'il ne lui était dû, mais c'est pour avoir intenté à tort une action qui n'avait pas encore de base, d'objet, qui n'existait pas encore. Donc, quand la condition sera accomplie, comme il y aura alors une dette à laquelle l'hypothèque, droit accessoire, puisse se rattacher, l'action hypothécaire ayant un objet, pourra exister, et le créancier pourra l'intenter sans avoir à craindre qu'on lui objecte que cette ac-

______

(1) Pothier, liv. xx, tit, 1er, n° 32, note 1.

tion a déjà été jugée; car elle n'existait pas
encore au temps de la sentence précédemment
rendue.

Si, à l'inverse du cas que nous venons d'examiner, la dette est pure et simple et l'hypothèque conditionnelle, bien que le payement
n'ait pas eu lieu, le créancier ne pourra pas
intenter utilement l'action hypothécaire tant
que la condition ne sera pas arrivée; mais, dans
ce cas, le juge fera ordinairement donner caution par le possesseur de la chose hypothéquée,
dans le but de garantir sa restitution après l'accomplissement de la condition, si le payement
de la dette n'a pas encore eu lieu à ce moment.

L'action hypothécaire, avons-nous déjà dit,
a pour but de faire obtenir au créancier la possession de la chose engagée. Le juge doit donc
rechercher si le défendeur possède la chose; s'il
ne la possède pas et que ce soit sans son dol
qu'il ait cessé de la posséder, le juge l'absout.
Dans le cas contraire il le condamne, si mieux
il n'aime restituer (*aut solvat aut restituat*). C'est
en cela que consiste son *arbitrium.* — Trois hypothèses peuvent se présenter (L. 16, § 3 et 6;
L. 21, § 3).

Premier cas. — Le débiteur restitue la chose
ou bien il paye la dette; le juge devra l'absoudre.

Deuxième cas. — Le détenteur est disposé à

restituer la chose ; mais il ne peut le faire de suite, parce que le gage, par exemple, se trouve dans un pays éloigné. Alors, le juge l'absoudra et lui fera promettre de restituer la chose dans un certain délai ; et de plus, si cela est nécessaire, il lui fera donner une caution pour sûreté de cette promesse.

L'action hypothécaire est épuisée dès ce moment. Si le défendeur manque plus tard à sa promesse, ce sera par l'action *ex stipulatu* que le créancier agira contre lui.

Troisième cas. — Le défendeur refuse de restituer la chose, ou bien c'est par son dol qu'il s'est mis dans l'impossibilité de faire cette restitution. Dans ce cas, le défendeur encourra une condamnation pécuniaire dont le montant variera suivant que ce détenteur est un tiers ou le débiteur lui-même (L. 21, § 3). « Si res « pignorata non restituatur, lis adversus pos- « sessorem erit æstimanda ; *sed utique aliter* « *adversus ipsum debitorem, aliter adversus* « *quemvis possessorem.* »

1° *Le défendeur est un tiers.* — Il subira une condamnation égale à l'intérêt du demandeur et dont le montant sera déterminé, non pas par le juge, mais par le serment du créancier lui-même : *quanti actor juraverit in litem.* Cette décision est juste ; car l'intérêt du demandeur peut dépasser le *quantum* de la dette. En effet, le refus de ce tiers à restituer l'objet met le créancier, s'il s'agit d'un créancier gagiste proprement dit, dans l'impossibilité de rendre au débiteur l'objet engagé, et l'expose dès lors à être condamné envers celui-ci à des dommages intérêts égaux à la valeur de la chose.

Comme la sainteté du serment n'était pas toujours respectée, on permit au juge de fixer un maximum que le demandeur ne pouvait pas excéder dans son estimation ; et même dans le cas où cette précaution avait été omise, le juge pouvait réduire l'estimation exagérée qu'avait faite le demandeur (1).

2° *Le défendeur est le débiteur lui-même.* — Dans ce cas, l'estimation ne sera que de la valeur de la créance. A quoi bon, en effet, permettre au demandeur d'exiger davantage du débiteur, puisque, en vertu des principes, il serait tenu par l'action *pigneratitia directa* de lui restituer ce que, quelques instants auparavant, il aurait reçu de lui au delà du montant de la créance. Il est donc inutile de faire payer au débiteur ce qu'il pourrait redemander de suite.

Marcien (L. 16, § 3 et 6) ne fait pas, *en droit*, la même distinction qu'Ulpien : il décide que,

---

(1) M. Pellat (Cours de l'année 1851). — L. 5, pr., § 1 et 2, de in litem jurando, Dig. (xii, 3).

même dans le cas où le défendeur est le débiteur (et les expressions : « nam si tanti con-
« damnatus esset, quantum deberetur, quid
« proderat in rem actio, *quum et in personam*
« *agendo idem consequeretur* » nous prouvent
bien que telle est l'hypothèse du jurisconsulte,
puisque le demandeur aurait pu intenter *l'action personnelle* contre le défendeur en question); Marcien décide, disons-nous, que, même
dans ce cas, la condamnation sera fixée par le
serment du créancier.

Quelques commentateurs ont voulu concilier
les textes d'Ulpien et de Marcien. Dans ce but,
ils ont dit que, si dans la loi 16, le débiteur a
été condamné au delà de la valeur de la dette,
ce n'est pas que l'opinion de Marcien fût que
cela pouvait se faire en droit, mais c'est que
Marcien suppose que cette condamnation supérieure au montant de la dette est arrivée par
suite d'une erreur du juge.

Cette conciliation ne nous paraît pas devoir
être admise, rien ne nous faisant pressentir,
dans le texte de Marcien, une pareille suppo-
sition. Bien loin de là, les mots : *nam si tanti…*
nous prouvent qu'une pareille hypothèse n'est
pas entrée dans les vues du jurisconsulte; puis
Marcien nous montre lui-même, dans le § 6,
les conséquences rigoureuses qu'il déduit de sa
doctrine, en décidant que les principes qu'il a

posés dans le § 3 exigent que le débiteur condamné au delà du montant de la dette ne puisse
plus libérer le gage en payant simplement au
demandeur le *quantum* de sa créance ; car la
dette à acquitter actuellement est, non plus
la dette primitive, mais la nouvelle dette en-
gendrée par la condamnation.

Mais Marcien lui-même est effrayé de ces
conséquences, et l'équité les lui fait négliger :
« Humanius est non amplius eum, quam quod
« revera debet, dando hypothecam liberare. »

La conclusion de ce que nous venons de voir
est donc, suivant nous, que Marcien, dont
l'opinion *en droit* était différente de celle d'Ulpien, était cependant *en fait* la même que celle
d'Ulpien, puisqu'il abandonnait les règles de
droit qu'il avait posées, pour suivre l'équité.

Le créancier, dont le droit a été reconnu,
mais qui a vu absoudre le défendeur parce qu'il
avait cessé de posséder la chose, et cela sans
son dol, pourra plus tard, si cette chose vient
à se trouver entre les mains de cet adversaire,
agir contre lui par l'action hypothécaire, afin
d'en obtenir la restitution, sans avoir à craindre
que celui-ci lui produise l'exception *rei judi-*
catæ, car il lui répliquerait avec succès : *Si*
secundum me judicatum non est (L. 16, § 5).

L'action hypothécaire n'a pas seulement pour
but de faire obtenir au créancier la possession

de l'objet engagé, il doit être mis dans la position où il se trouverait s'il avait obtenu gain de cause, au moment même où il a intenté son action. Aussi, si la valeur de la chose n'égale pas le montant de la créance, le défendeur peut-il être tenu à la restitution des fruits (L. 16, § 4). Mais dans quelles limites?

Si le défendeur est un possesseur de mauvaise foi, on lui appliquera les principes ordinaires, et il devra rendre tous les fruits qu'il a dû percevoir tant avant qu'après la *litis contestatio*.

Si le défendeur est un possesseur de bonne foi, il devra rendre tous les fruits perçus depuis la *litis contestatio*, car depuis ce moment le procès l'a averti de les mettre de côté, afin de pouvoir les rendre au besoin au demandeur s'il vient à triompher. Mais quant aux fruits perçus depuis la *litis contestatio*, nous pensons, conformément à ce que nous avons déjà dit précédemment, que, consommés ou non, le possesseur de bonne foi n'avait jamais à les rendre, à l'époque des jurisconsultes classiques, et que ce fut plus tard, seulement dans le Bas-Empire, que ce droit fut modifié (L. **22**, *de rei vindic.*, Code), en ce qui concerne les fruits non encore consommés. C'est donc pour mettre les textes de ces jurisconsultes classiques en harmonie avec la législation nouvelle que les compilateurs ont ajouté, dans la loi 16, § 4, les mots : *Nisi exstent et res non sufficit.*

L'action hypothécaire intentée par le créancier pouvait, dans certains cas, se trouver paralysée par quelques exceptions que nous allons examiner successivement.

Dans le droit des *Pandectes*, le créancier pouvait poursuivre les détenteurs du gage, avant même d'avoir intenté l'action personnelle qu'il avait contre son débiteur (1).

Justinien, dans sa novelle 4, chap. 2, modifie ce droit. Le créancier dut discuter préalablement les biens du principal obligé, de ses héritiers ou de ses cautions. Ce n'est qu'ensuite qu'on lui accordera l'action hypothécaire contre les tiers détenteurs. Toutefois, si ceux qui sont obligés personnellement sont absents, le créancier pourra poursuivre de suite le tiers détenteur. Celui-ci demandera alors un délai afin de faire soutenir le procès par ceux qui sont obligés personnellement, et ce n'est qu'après ce délai expiré, si ceux-ci n'ont pas comparu, que le créancier hypothécaire pourra agir efficacement contre le tiers détenteur par l'action quasi-Servienne.

Les interprètes ont nommé ce privilége *beneficium excussionis personale.*

---

(1) L. 14 et 24, de plg., Code (viii, 14).

Le tiers détenteur avait encore un autre bénéfice qui a été désigné sous la dénomination
de *beneficium excussionis reale*.

Quand le créancier a tout à la fois, pour garantir la même dette, et une hypothèque générale et une hypothèque spéciale, le possesseur
des choses soumises à l'hypothèque générale, at-
taqué par l'action hypothécaire, a le droit d'exiger que le créancier discute préalablement les
biens qui lui sont spécialement hypothéqués(1).

Cette décision nous paraît fort raisonnable;
elle nous semble remplir les vues des parties.
En effet, quand on hypothèque à quelqu'un
tous ses biens en général, et sa maison en particulier, cela n'indique-t-il pas que l'intention
et la convention tacites des parties sont que le
créancier commence la discussion des biens
par la maison? N'est-ce pas dire que l'on engage sa maison, et subsidiairement tous ses
autres biens si celle-ci ne suffit pas pour acquitter le montant de la dette? Il faut bien
trouver un sens aux conventions des parties,
et nous croyons que c'est le seul que l'on puisse
donner dans le cas qui nous occupe.

Il ne nous reste plus qu'à ajouter quelques
mots sur la durée de l'action hypothécaire,

____

(1) L. 1, de pig., Code.

c'est-à-dire sur le laps de temps pendant lequel elle pouvait être valablement intentée.

Théodose le Jeune décida que cette action, ainsi que toutes les autres, serait soumise à la prescription de trente ans, mais seulement à l'égard des tiers détenteurs (1). Toutefois, si le tiers détenteur de l'objet était protégé par une prescription moins longue, par la prescription *longi temporis*, il n'avait pas besoin de recourir à la prescription de trente ans, et il pouvait invoquer la prescription *longi temporis* aussi bien contre le créancier gagiste que contre le propriétaire. Mais en revanche, s'il se trouvait dans un cas de prescription quarantenaire, il ne pouvait pas invoquer celle de trente ans.

Si les détenteurs des objets affectés du droit de gage ou d'hypothèque étaient le débiteur lui-même ou ses héritiers, l'action était imprescriptible à leur égard, même depuis la constitution de Théodose. Justin décida que, même dans ce cas, l'action serait prescrite, mais seulement après un délai de quarante ans (2). Il semble bizarre, au premier abord, que le créancier puisse encore intenter l'action hypothécaire pendant dix ans après que son action personnelle est éteinte par prescription,

____

(1) L. 3, de præscript. xxx ann., Code (vii, 39).
(2) L. 7, § 1, de præscript. xxx ann., Code (vii, 39).

c'est-à-dire que l'accessoire survive au principal. Mais ce résultat s'explique facilement si l'on songe que c'est la dette civile qui est éteinte par la prescription de trente ans, mais qu'il reste ensuite une obligation naturelle suffisante pour motiver une hypothèque (L. 5, pr.).

Enfin la prescription de l'action hypothécaire présente encore quelque chose de particulier dans le cas où le détenteur est un créancier hypothécaire postérieur qui résiste à un créancier hypothécaire antérieur. Ce créancier, possédant en quelque sorte au nom du débiteur, on s'était demandé si la prescription de quarante ans ne devait pas lui être applicable comme au débiteur lui-même. Justin décida la question par une distinction : si la possession du créancier défendeur a commencé après la mort du débiteur, la prescription de trente ans lui suffit pour repousser le demandeur, tandis que s'il a commencé à posséder du vivant du débiteur, il lui faudra la prescription de quarante ans (1). Dans ce dernier cas, le défendeur est considéré comme ayant possédé au nom du débiteur, et est par conséquent assimilé à celui-ci; dans le premier cas, il est considéré comme ayant possédé pour lui-même.

____

(1) L. 7, § 2, de præscript. xxx ann., Code (... ...)

§ 2. — Des interdits dont peut se servir le créancier gagiste
ou hypothécaire.

En dehors de l'action hypothécaire, le créancier avait d'autres moyens pour conserver, recouvrer et même pour obtenir la possession de la chose, objet du droit de gage ou d'hypothèque. Nous allons énumérer ces moyens succinctement, leur étude ne rentrant pas dans le cadre de cette thèse.

Nous avons déjà dit que, si, d'une part, le débiteur conservait la possession *ad usucapionem*, d'autre part, le créancier possédait *ad interdicta* (1).

1° Si le créancier possède, il se fera maintenir dans sa possession au moyen des interdits *uti possidetis* pour les immeubles, *utrubi* pour les meubles, dans le cas où le trouble viendrait d'un étranger.

Que si le trouble vient, au contraire, d'un créancier hypothécaire postérieur, il repoussera l'action quasi-Servienne de celui-ci, en lui opposant l'exception : *si non ante mihi res pignoris hypothecæve nomine sit obligata* (L. 12, pr., *qui potior.*, Dig.) (2).

____

(1) L. 16, de usuc. et usurp., Dig. (XLI, 3).

(2) C'est de cette même manière qu'il répliquerait au créancier postérieur possesseur de la chose, si, agissant contre lui par l'action hypothécaire pour lui enlever la possession, celui-ci lui opposait l'exception: *si non conveni ut res mihi sit obligata*.

2° Si le créancier a été dépossédé par violence, il aura l'interdit *unde vi.*

3° Enfin, même dans le cas où il n'a jamais eu la possession, il pouvait l'acquérir au moyen d'un interdit particulier: *interdictum Salvianum.*

Cet interdit n'était pas donné à tout créancier, mais seulement au locateur d'un fonds rural pour obtenir la possession des choses que le fermier lui avait engagées conventionnellement pour le fermage (1), et non pas contre le fermier seulement, mais encore contre tout tiers détenteur (2).

Nous n'insisterons pas davantage sur cet interdit qui est entouré d'une grande obscurité et donne lieu à de nombreuses controverses entre les interprètes du droit romain.

SECTION III.

Des pactes qui peuvent accompagner le gage.

Les effets ordinaires du gage pouvaient être

---

(1) Gaïus, iv, § 147.

(2) C'est ce qui résulte du commentaire de Théophile et de textes assez nombreux, entre autres de la loi 1, § 2, de solo int., Dig. (xliii, 33). On ne trouve, au contraire, qu'un seul texte qui semble dire le contraire, L. 1, de prec. et salv. interd., Code. — Voy. M. Pellat, trad. de Schilling, p. 92, notes 7 et 8 ; M. Ortolan, Instituts, ii, p. 655, note 5.

modifiés par des clauses particulières, par des pactes.

Ces pactes pouvaient être fort nombreux : beaucoup d'entre eux avaient trait à la manière dont la vente de l'objet devait se faire. Nous n'examinerons que quelques-uns des pactes qui peuvent accompagner le gage, ceux dont s'occupe le titre 1 du livre XX, *de pig. et hyp.*

Les droits du créancier gagiste sur la chose hypothéquée ne concernant que la possession de cette chose et la faculté de la vendre, à défaut de payement, il ne pouvait donc pas bénéficier des fruits produits par cette chose pendant qu'il la possédait, ni la garder à titre de propriétaire pour se payer de ce qui lui était dû. Mais pouvait-il acquérir ces droits en faisant, à ce sujet, un pacte avec le débiteur? La réponse à cette question se trouve dans l'étude de deux pactes, que nous allons faire, et qui étaient fort connus dans le droit romain : 1° le pacte d'antichrèse ; 2° la *lex commissoria.*

1° *Du pacte d'antichrèse.* — Le créancier gagiste ne doit pas user ou jouir à son profit de la chose engagée qu'il détient. S'il le fait, il se rend coupable du *furtum usus* (1).

Si donc la chose qu'il possède produit des fruits, il peut et *doit* les percevoir, non pas pour

____

(1) Inst., liv, iv, tit, 1, § 6.

se les approprier comme un profit, mais : ou pour les restituer au débiteur, ou pour les imputer sur sa créance, d'abord sur les intérêts, puis sur le capital (1). Il devrait en faire autant du prix qu'il tirait de la chose en la louant (L. 23, pr.).

Tel était le droit commun.

Ce droit pouvait être modifié par le *pacte d'antichrèse*, convention par laquelle le créancier obtenait la jouissance de la chose engagée en compensation des intérêts de sa créance : il en gardait les fruits sans réduction, quand même leur quotité viendrait à dépasser le taux de l'intérêt légal, ce qui avait été admis à cause de l'aléa que l'on rencontre dans la production des fruits : *propter incertum fructuum proventum* (2).

Tantôt le pacte d'antichrèse est l'accessoire d'un gage, tantôt il existe seul et par lui-même. Dans ce dernier cas, le créancier gardait la

---

(1) L. 1, 2 et 3, de pig. act. , Code (iv, 24). — L. 2, de partu pig., Code (viii, 25).—Si les fruits ne suffisent pas pour acquitter les intérêts, le débiteur devra payer le surplus au créancier.

(2) L. 17, de usuris, Code (iv, 32).—Toutefois, on n'aurait pas permis de déguiser sous la dénomination d'antichrèse des conventions évidemment usuraires ; aussi, dans le cas où il s'agissait d'une perception et d'une quotité fixes, comme les loyers d'une maison, les sommes ainsi touchées par le créancier ne pouvaient pas dépasser le taux légal des intérêts (L. 14, de usuris, Code). Il faut en dire autant, quoiqu'il s'agisse de revenus variables, de récoltes, s'il y avait dans ce cas, en tenant compte de l'aléa, une exagération évidente dans la quantité des fruits à percevoir.

chose, non pas *jure pignoris*, mais *pignoris loco*, comme le ferait un vendeur à l'égard de l'objet vendu, dont le prix ne lui aurait pas encore été payé : s'il en perd la possession, il aura une action *in factum præscriptis verbis* (1). Dans le cas, au contraire, où le pacte d'antichrèse accompagne un contrat de gage, le créancier aura l'action hypothécaire pour recouvrer la chose, s'il en perd la possession (2).

Les interprètes du droit romain se sont demandé s'il n'y avait pas, à Rome, une antichrèse tacite, c'est-à-dire si le créancier, mis en possession d'une chose frugifère, ne pourrait pas en retenir les fruits *vice usurarum*, quoiqu'il n'y ait pas eu de convention formelle à cet égard.

Pour soutenir l'affirmative, on s'appuie sur la loi 8, *in quib. caus.*, Dig (XX, 2) : « Cum debi-« tor gratuita pecunia utatur, potest creditor « de fructibus rei sibi pigneratæ ad modum « legitimum usuras retinere. »

Quant à nous, nous pensons qu'il n'y avait pas d'antichrèse tacite, à cause de la nature même de ce pacte. En effet, nous venons de dire que l'antichrèse était une convention par laquelle le débiteur permettait au créancier de

---

(1) ... ... Dig. — M. Ortolan, Inst., II, p. 301.
(2) M. ... ... l'année 1851).

percevoir les fruits de la chose engagée en totalité, sans réduction, et non pas seulement dans la mesure de l'intérêt légal, à cause des chances de perte et de gain que comporte cette perception. On a donc tort de dire qu'il y avait à Rome une antichrèse tacite, que cela résulte de la loi 8, ci-dessus citée; car cette loi ne nous offre pas l'exemple d'un pacte d'antichrèse, puisque le créancier dont il y est question est obligé de rendre la quotité des fruits qui dépassera les intérêts légaux (1).

Il ne faudrait pas non plus, tout en repoussant l'idée de l'existence d'une antichrèse tacite, tirer de la loi 8 cette autre conclusion, qu'il faut voir une convention *tacite* d'intérêts en faveur du créancier, quoiqu'il ait prêté sans les demander, par cela seul qu'une chose frugifère lui a été remise en gage. Cette interprétation serait mauvaise, elle apporterait sans motif sérieux une dérogation aux conventions des parties. En effet, quand un débiteur emprunte de l'argent sans intérêts, il est bien évi-

____

(1) Cujas pense au contraire que, par cela seul qu'on a remis au créancier une chose frugifère, il est autorisé à garder ces fruits jusqu'à concurrence des intérêts, bien que ces intérêts n'aient pas été stipulés, et il voit là une antichrèse tacite (Observ. viii, 17). La différence, ajoute-t-il, qu'il y a entre l'antichrèse expresse et l'antichrèse tacite, c'est que dans cette dernière, à la différence de la première, le créancier devra rendre les fruits qui dépasseront le taux de l'intérêt légal (Cujas sur le Code, L. 14, de usur., et L. 3, de pig. act.).

dent qu'il n'a pas entendu renoncer à cet avantage par cela seul qu'il a remis en gage une
chose frugifère.

Mais alors comment expliquer la loi 8?

Beaucoup de personnes soutiennent que le
texte en a été altéré, et le corrigent en lisant :
cum debitor non gratuita *pecunia utatur...*

Nous pensons, avec M. Pellat, que cette cor-
rection n'est pas nécessaire, et qu'on peut,
sans la faire, expliquer la loi 8. La loi 8 a probablement été détachée d'un autre texte, où il
était question d'un de ces contrats de bonne
foi dans lequel le débiteur ne doit pas d'intérêts dès l'origine, mais a commencé à en devoir dès qu'il a employé à son usage l'argent
qui lui a été remis. Ainsi, si Titius est devenu
mon créancier, parce qu'il a fait chez moi le
dépôt d'une certaine somme d'argent, et qu'il
ait reçu de moi, pour lui garantir la restitution
de ce dépôt, une chose frugifère, je ne lui devrai
néanmoins pas d'intérêts par le fait même du
dépôt, ni par le fait de la remise de ce gage.
Mais si je viens à me servir de son argent, je
commencerai alors à lui devoir des intérêts, et
Titius pourra alors les prélever sur les fruits
produits par la chose que je lui ai remise en
gage.

Cette décision s'appliquerait également au
mandataire qui emploierait pour lui l'argent

qu'il a reçu du mandant pour les affaires de celui-ci.

Remarquons que le texte de la loi 8 porte : *cum utatur*, et non pas : *cum utitur*, ce qui signifie *puisque*, et non pas *lorsque*. C'est donc la suite d'un raisonnement commencé dans un autre texte, et non pas son exposé.

En résumé, nous concluons qu'il n'y avait pas à Rome d'antichrèse tacite : 1° parce que, d'une part, la loi 8, que l'on invoque en faveur de ce système, renferme une hypothèse qui n'est pas compatible avec la nature même du pacte d'antichrèse, ainsi que nous l'avons démontré; 2° et parce que, d'autre part, les partisans de ce système vont trop directement à l'encontre de l'intention tacite des parties, puisqu'ils décident que, bien qu'il n'ait pas été question d'intérêts entre les parties, ceux-ci seront cependant dus tacitement par suite de cette seule circonstance que le débiteur, pour garantir au créancier le remboursement de ce qui lui est dû, lui a remis une chose frugifère au lieu de lui remettre des objets qui ne produisent point de fruits.

2° *Du pacte dit* lex commissoria. — Le créancier pouvait-il convenir que si, au jour dit, la dette n'était pas acquittée, le gage deviendrait sa propriété, *ut ei committatur pignus*, à titre de satisfaction?

Ce pacte, connu sous la dénomination de *lex commissoria*, était très-fréquent dans l'ancienne législation romaine. Il était fort dangereux pour les débiteurs. En effet, le créancier faisait ordinairement cette convention quand le gage était d'une valeur supérieure au montant de la dette, et les débiteurs, pleins de confiance dans l'avenir, espérant pouvoir s'acquitter facilement à l'échéance, pressés pour le moment par le besoin d'argent, souscrivaient à ce pacte et perdaient bien souvent ainsi une valeur supérieure au montant de la dette que les circonstances les empêchaient d'acquitter dans le délai fatal. Aussi le pacte commissoire fut-il interdit par une constitution impériale de Constantin (1). L'insertion de cette clause dans le contrat de gage est considérée comme non avenue, et l'on applique les principes généraux sur la vente du gage.

Mais si le pacte commissoire est prohibé lors de la constitution du gage, rien n'empêche qu'après cette constitution, le créancier et le débiteur s'entendant ensemble, la chose ne soit vendue pour un certain prix au créancie , ou bien même qu'elle ne lui reste purement et simplement, à titre de propriété, en guise de payement (2); car, dans cette hypothèse, le débiteur

---

(1) L. 1, de pact. pig., Code (viii, 35).
(2) L. 3, de pig. act., Dig.

ayant déjà contracté le prêt qui lui est nécessaire, et n'étant plus poursuivi par le besoin d'argent, conserve toute liberté d'action pour résister au créancier qui voudrait se faire céder le gage à vil prix.

Il est une autre clause qu'il faut bien se garder de confondre avec le pacte commissoire, parce qu'elle est parfaitement licite.

On peut convenir, *même au moment de la constitution du gage*, que, faute de payement à l'échéance, le créancier acquerra la propriété de l'objet engagé, *moyennant un juste prix* qui sera alors déterminé (L. 16, § 9). Cette clause n'offre pas, en effet, les dangers que présente la *lex commissoria*. Si la valeur de la chose est estimée être égale au montant de la dette, celle-ci s'éteint ; si, au contraire, sa valeur est jugée être supérieure ou inférieure, il restera un compte à régler entre les parties au sujet de cette différence.

Ce serait à tort qu'on objecterait que la vente dont il est ici question n'est pas valable, parce que le prix n'est pas certain, déterminé, puisqu'il est laissé à l'arbitrage d'autrui, sans désignation de la personne (1). Nous répondons à cette objection que le prix est parfaitement cer-

---

(1) Inst., liv. iii, tit. 23, § 1. — L. 25, pr., loc. cond., Dig. (xix, 2). —M. Ortolan, Inst., ii, p. 245, in fine.

tain, car les mots *justo pretio*, insérés dans le pacte, tiennent lieu de détermination et indiquent suffisamment que l'arbitrage sera remis à un *bonus vir*. Or, le prix fixé par un *bonus vir* étant un *justum pretium*, et le *bonus vir* ne pouvant arbitrer qu'un juste prix, il y a là quelque chose qui détermine parfaitement le prix et fait que la vente, objet du pacte, est parfaitement valable.

DROIT FRANÇAIS.

DES PRIVILÉGES DES PARTICULIERS SUR LES MEUBLES.
(Art. 2101 et 2102, Code Nap.)

Les priviléges sur les meubles sont : ou généraux ou particuliers (Code Nap., art. 2100). Ils sont généraux quand ils portent sur l'ensemble du patrimoine mobilier du débiteur ; les priviléges particuliers, au contraire, ne grèvent que certains meubles déterminés. Toutefois, nous verrons que les priviléges généraux portent également sur la généralité du patrimoine immobilier du débiteur, de sorte que, à proprement parler, il n'y a pas chez nous de priviléges généraux sur les meubles seulement (art. 2104).

Le mot *meubles*, dans l'art. 2101, doit s'entendre dans le sens le plus large, c'est-à-dire comme comprenant tout ce qui n'est pas immobilier. Il ne faut pas lui donner le sens restrictif qu'indique l'art. 533 du Code Nap. Ce qui le prouve, c'est, d'une part, que le Code, traitant, dans deux sections différentes, des priviléges sur les meubles et des priviléges sur les immeubles, a entendu évidemment employer le mot *meubles* dans son acception complète et absolue, c'est-à-dire par opposition aux *immeubles* (1). D'autre part, la loi ayant voulu que les priviléges généraux sur les meubles grevassent même les immeubles, il est évident qu'ils portent *a fortiori* sur tous les meubles (2).

Nous verrons, dans un premier chapitre, quels sont les priviléges généraux sur les meubles; dans un second chapitre, quels sont les priviléges particuliers sur les meubles ; et enfin dans un troisième chapitre, ce qui concerne le classement des priviléges sur les meubles.

CHAPITRE Ier.

DES PRIVILÉGES GÉNÉRAUX SUR LES MEUBLES.

Ces priviléges sont énumérés dans l'art. 2101.

----

(1) M. Valette, Traité des priv., n° 18.
(2) M. Valette, Cours de l'année 1855.

Ils y sont classés en même temps, ce qui est un point fort important, qui donnait lieu à de nombreuses dissidences entre les anciens auteurs.

1° *Privilége des frais de justice.*

La loi met ces frais au premier rang, parce qu'ils ont été faits dans l'intérêt commun de tous les créanciers, et qu'ils ont servi à conserver le gage commun. L'équité voulait donc que le créancier qui en a fait les avances fût préféré à tous les autres, puisque, s'il ne les eût pas faites, les créanciers eussent été obligés d'arriver eux-mêmes à ces dépenses pour jouir du bénéfice de leurs droits.

Ce privilége comprend les frais faits pour la conservation, la liquidation et la répartition du mobilier.

1° *Frais de conservation du gage commun.* — Tels sont l'apposition et la levée des scellés, l'inventaire fait lors de cette levée ; car ces frais sont destinés à prévenir le détournement du mobilier. Les frais faits par le curateur à la succession vacante (art. 811-813), par l'héritier bénéficiaire (art. 810), par les syndics d'une faillite (art. 565 Code com.), rentrent également ment dans cette catégorie.

2° *Frais de liquidation.* — Tels sont les frais de saisie et de vente qui transforment le gage

en argent. Ces frais se divisent en frais ordinaires et frais extraordinaires (1).

Les frais ordinaires sont ceux qui ont lieu de
droit et dans tous les cas possibles, même lorsque la saisie n'éprouve pas de résistance. Ils
ont pour but d'arriver à l'adjudication.

Les frais extraordinaires sont ceux qui ont
été occasionnés par des incidents, tant en première instance qu'en appel, par exemple par
des oppositions de saisie.

En matière de saisie immobilière, les frais
ordinaires sont payés par l'adjudicataire en sus
de son prix (art. 713, Cod. proc. civ.) (2). Il n'y
a donc pas lieu à privilége dans ce cas. Mais
dans les saisies mobilières, l'adjudicataire
n'étant pas chargé des frais ordinaires de saisie, ces frais doivent être payés par premier
privilége sur le prix provenant de la vente des
meubles.

Quant aux frais extraordinaires de saisie,
soit mobilière, soit immobilière, ils ne sont pas
privilégiés de plein droit (art. 74, C. pr. civ.).
Ils ne peuvent être classés dans le privilége
accordé aux frais de justice qu'en vertu d'un

______

(1) M. Valette, Cours de l'année 1855. — M. Troplong, Hyp., I,
n° 123.

(2) Il en était de même dans l'ancien droit, art. 12 de l'édit de 1551 :
« Tous héritages criés seront adjugés à la charge des frais et mises des
« criées. »

jugement, soit le jugement même qui prononce
sur l'incident soit un jugement ultérieur (1),
s'ils sont reconnus justes et faits de bonne foi.
En effet, il n'apparaît pas de suite à leur
égard, comme dans le cas où il s'agit de frais
ordinaires, qu'ils aient été faits dans l'intérêt
commun des créanciers.

3° *Frais de répartition.* — Ce sont les frais faits
pour la distribution de l'argent entre les créanciers (art. 656, 672, C. pr. civ.).

Le motif sur lequel se fonde le privilége des
frais de justice étant le profit que tous les
créanciers en ont tiré, nous en déduirons trois
conséquences :

1° On ne doit pas dès lors y comprendre les
frais qui n'ont été faits que dans l'intérêt d'un
ou de quelques-uns des créanciers. Ainsi ne
seront pas privilégiés les frais faits en justice
par un des créanciers, afin de rendre son titre
exécutoire. Ces frais, faits dans son intérêt

____

(1) Toulouse, 10 mai 1831 (Sirey, 1832, ii, p. 308). Cet arrêt s'appuie
sur ce que l'art. 716 (C. pr. civ.) n'exige pas que les frais extraordinaires de poursuite soient ordonnés par le jugement même qui a statué
sur les incidents.

Nous y ajouterons cette autre considération, que si l'art. 716 ne le dit
pas, l'intérêt des créanciers ne l'exigeait pas non plus, puisque s'ils con-
testent le privilége, ils peuvent aussi bien le combattre dans le jugement
qui intervient postérieurement à cet effet, que dans le jugement sur
l'incident.

personnel, seront colloqués au même rang que la créance dont ils sont les accessoires (1).

2° Si les frais faits en justice, utiles aux créanciers en général, ne l'ont cependant pas été à quelques-uns d'entre eux, ils ne seront pas privilégiés à l'égard de ceux-ci. Les rédacteurs du Code de procédure civile ont fait l'application de cette règle dans l'art. 662.

« Les frais de poursuite seront prélevés par « privilége avant toute créance, *autre que celle* « *pour loyers dus au propriétaire.* »

Lorsque les meubles d'un locataire ont été saisis et vendus à la requête de ses créanciers, le propriétaire passera, pour les loyers à lui dus, avant les frais faits pour opérer la distribution du prix de vente. C'est qu'en effet le propriétaire de la maison qu'habitait le saisi peut, aux termes de l'art. 661 du Code de procédure civile, faire statuer sur son privilége par simple procédure de référé, et avant toute procédure de distribution par contribution (2). Dès lors les frais faits pour opérer cette distribution lui sont complétement étrangers, puisqu'ils lui sont inutiles.

C'est par la même raison qu'un arrêt de la Cour de Lyon, du 14 décembre 1825, décide

(1) M. Duranton, xix, n° 42.
(2) M. Valette, n° 22.

que le propriétaire passe avant les frais de scellés et d'inventaire; car étant en quelque sorte nanti des meubles, et pouvant même les revendiquer, s'ils ont été déplacés sans son consentement (art. 2102-1°, alin. 5), il n'a pas besoin de ces frais; il peut recourir à la procédure peu compliquée de la saisie-gagerie (art. 819-821, C. procéd. civ.). Mais le bailleur passera après les frais de vente, car ils lui ont profité comme aux autres créanciers.

Ainsi encore, si des contestations s'élèvent sur un ordre, l'avoué qui représente les créanciers contestants sera primé par les créanciers qui précèdent les créances contestées, puisque la procédure relative à ces contestations sur la collocation des créanciers postérieurs n'a été utile en rien à ces créanciers antérieurs (art. 768, Cod. proc. civ.).

C'est aux juges qu'il appartient de décider dans quels cas les frais de justice ont profité à un créancier et doivent dès lors passer avant lui (1).

3° Le privilége des frais de justice, reposant sur une idée de gestion de l'affaire commune, nous en tirerons encore cette conséquence qu'il n'est pas général, s'étendant sur tous les meubles, d'une manière absolue, comme les autres

______

(1) Aix, 12 janvier 1838.

priviléges que nous verrons dans les numéros
de l'art. 2101 qui suivent. Il n'est général que
si les frais ont protégé la généralité des meubles ; sinon, il ne s'étend qu'à la fraction que
ces frais ont protégée ; ainsi les frais de vente
d'un meuble ne sont privilégiés que sur ce
meuble.

Quant à l'officier chargé de vendre les
meubles, il n'a pas besoin d'invoquer pour ses
frais le privilége du n° 1 de l'art. 2101. Le
Code de procédure civile (art. 657) lui donne
un droit particulier. Avant de consigner le
prix produit par la vente, il peut déduire sur
ce prix le montant de ses frais, d'après la taxe
qui en aura été faite par le juge sur la minute
du procès-verbal. S'il a négligé d'user de cette
faveur, il retombe dans le droit commun, et
concourt avec les autres créanciers pour frais
de justice (1).

Le privilége des frais de justice existait déjà
dans l'ancien droit, ainsi que nous l'apprend
Pothier : « La créance la plus privilégiée est
« celle des frais de saisie, de garde et de vente ;
« car ils sont faits pour la cause commune de
« tous les créanciers » (2).

---

(1) M. Valette, n° 24. — M. Duranton, n° 46.
(2) Pothier, proc. civ., part. iv, ch. 2, sect. 2, art. 7, § 2. — Id.,
Louage, n° 256.

2° *Privilége des frais funéraires.*

Ce privilége est basé sur un double motif : le respect dû aux morts et la nécessité d'assurer la salubrité publique.

Que doit-on entendre par les frais funéraires?

Les lois romaines nous disent que c'est tout ce qui concerne le corps, l'ensevelissement, le prix du terrain, le transport, l'inhumation, les lettres de faire part, etc. (1) ; mais il ne faut pas y comprendre les dépenses excessives, de luxe et de vanité (2).

Nous en dirons autant dans notre législation. Le *quantum* de ces frais sera déterminé *ex æquo et bono*, eu égard à la condition du défunt et à l'étendue de son insolvabilité (3).

Il ne faudrait pas y comprendre les frais occasionnés par le service anniversaire, dit : *du bout de l'an* (4).

Le Code Napoléon n'a pas reproduit les distinctions de l'ancien droit sur les frais funéraires; Pothier (5) nous apprend, en effet, qu'un acte de notoriété du Châtelet de Paris du 24 mai 1694 distinguait les frais funéraires en *frais*

---

(1) L. 37. pr., de relig., Dig. (xi, 7).

(2) L. 14, § 6, de relig., Dig.

(3) L. 12, § 5, et L. 14, § 6, de relig. et sumpt.

(4) Agen, 28 août 1834.

(5) Introd. à la coutume d'Orléans, t. 20, § 9, n° 117.—Procéd. civ., 4° part., ch. 2, sect. 2, art. 7, § 2.

de premier ordre, comprenant ce qui est in‑
dispensable pour la sépulture, le transport du
corps, l'ouverture de la fosse, et *frais de second
ordre*, comprenant les autres dépenses. Les
frais de second ordre ne primaient que les
créanciers non privilégiés et venaient « par
« contribution avec les créanciers privilégiés
« au sol la livre. »

Les frais de deuil dus à la veuve rentrent-ils
dans les frais funéraires dont il est ici question ? Cette question, déjà controversée dans
l'ancien droit, l'est encore sous le Code Nap.;
Pothier et Lebrun (1) décidaient que c'étaient
là des frais privilégiés, et telle était la jurisprudence des parlements de Paris et de Toulouse; au contraire, Basnage (2) et le parlement
de Bordeaux refusaient ce privilége. Les rédacteurs du Code n'ont pas examiné cette
question : comment interpréterons-nous leur
silence?

Nous pensons que les termes et l'esprit de la
loi s'opposent à ce que ces frais soient privilégiés. Les frais funéraires sont, en effet, les
frais faits *propter funus*, comme nous le disent
les lois romaines, des frais d'inhumation. Or
on ne peut considérer le deuil de la veuve

---

(1) Pothier, Traité de la commun., n° 678. — Lebrun, id., liv. 2,
ch. 3, n° 38.
(2) Basnage, Hyp., chap. 9.

comme faisant partie de la pompe funèbre : c'est là simplement un usage de convenance, d'hommage rendu à la mémoire du défunt.

Le silence même du Code, en présence des controverses assez vives des anciens auteurs, nous paraît confirmer notre opinion. Ne faut-il pas d'ailleurs se souvenir que les priviléges sont de droit étroit, et qu'on ne doit pas les étendre au détriment des créanciers qui ne recevront qu'une partie de ce qui leur est dû (1).

Toutefois notre solution n'est pas absolue, et nous pensons qu'on doit considérer comme privilégiés les frais de deuil que la veuve aurait faits dans les pays, assez rares aujourd'hui, où l'usage veut qu'elle suive le convoi de son mari ; car dans ce cas, ces frais font bien partie de la pompe funèbre (2).

Le Code est encore incomplet dans sa rédaction en ne nous disant pas pour quelles personnes ont pu être faits les frais funéraires qui sont privilégiés. Il est incontestable que cela comprend d'abord les frais funéraires du débi-

---

(1) M. Valette, n° 26.

(2) M. Valette, Cours de l'année 1855. — M. Bugnet (Cours de l'année 1852) pense que les frais de deuil de la veuve sont toujours privilégiés.

Nous ferons observer que l'on conçoit que, dans l'ancien droit, on fût plus facile pour privilégier ces frais qui, étant des frais funéraires de second ordre, n'étaient garantis que par un privilége de second ordre.

teur lui-même. Mais en est-il de même des frais funéraires commandés et faits par le débiteur pour d'autres personnes, par exemple pour sa femme, ses enfants ou d'autres proches parents ?

Des auteurs soutiennent l'affirmative en s'appuyant sur ce que l'art. 2101, n° 2, parle des frais funéraires en termes généraux. Ils invoquent également la loi 17, *de reb. auct. jud. poss.* Dig. (XLII, 5) : « Et hoc jure utimur, ut « quicumque sit funeratus, id est, si ve is cujus « de bonis agitur, sive quid is debuit quod red- « dere eum, si viveret, funeraria actione cogi « oporteret, privilegio locus sit. »

Mais ce texte n'a pas la portée qu'on lui prête. Il y est question, en effet, des frais funéraires dus par le père de famille à raison du décès de son esclave ou de son fils en puissance (1). Or ceux-ci n'ayant rien à eux, d'après le principe du droit romain (sauf le pécule *castrense*), il fallait bien que quelqu'un payât leurs frais d'inhumation.

Nous pensons, avec MM. Valette et Zachariæ, que le privilége ne concerne que les frais funéraires du débiteur lui-même. En effet, le n° 3 de l'art. 2101 nous parle immédiatement des frais de la dernière maladie. Il s'agit là de la

---

(1) C'est ce qui ressort des lois 11 et 31, § 1, de relig., Dig. (XI, 7).

dernière maladie du débiteur, et non pas de celle d'un membre de sa famille. Que signifierait, en effet, un privilége accordé, par exemple, pour la maladie de l'enfant dernier malade seulement?

De plus, ainsi que nous le démontrerons, le privilége du n° 3 s'applique, non pas à la dernière maladie que le débiteur a eue, et dont il est guéri, mais à celle dont il est mort. Nous voyons donc une corrélation entre les n°s 2 et 3 de l'art. 2101, et si, dans le n° 3, il est question de la dernière maladie du débiteur, c'est également des funérailles de ce même débiteur que s'occupe le n° 2.

D'ailleurs, quand la loi entend étendre un privilége aux personnes de la famille du débiteur, elle a soin de le dire formellement (article 2101-5°). Donc, si elle est muette à cet égard, il faut astreindre le privilége aux dépenses du débiteur lui-même.

Tous ceux qui ont fait les frais funéraires viennent en concurrence (art. 2097).

Il nous reste à examiner une dernière question que l'on a soulevée à l'occasion du privilége des frais funéraires. Ordinairement ce sera l'administration des pompes funèbres qui fera l'avance de ces frais, et qui pourra invoquer le bénéfice du privilége de l'art. 2101-2°.

On s'est demandé si le tiers qui aurait prêté

des fonds pour payer ces frais funéraires, ou qui les aurait payés lui-même avec intention de faire un prêt au débiteur direct de ces dépenses, pourrait, pour obtenir son remboursement, invoquer le privilége du créancier désintéressé, alors même qu'il n'aurait pas stipulé de subrogation. C'est là une question qui peut se présenter fréquemment, car ce sont souvent des amis qui se chargent de ces préparatifs et les payent, pour en éviter les ennuis à la famille du défunt.

Un grand nombre d'auteurs accordent le privilége au tiers, le déclarant subrogé de plein droit (1). Ils se fondent sur un double argument :

En effet, disent-ils d'abord, le privilége pour frais funéraires est une faveur que la loi accorde à la créance, qui a cette qualité en considération de sa nature et sans aucune considération de la personne.

L'on fortifie encore ce système en l'appuyant sur l'art. 593 du Code de proc. civ. Cet article, dit-on, déclare subrogé de plein droit le créancier qui a prêté des deniers pour acheter des aliments. Or, dit-on, il doit en être de même, *a fortiori*, en faveur du prêteur de deniers pour frais funéraires, puisque c'est là une créance

____

(1) M. Duranton, XIX, n° 51. — M. Troplong, Hyp., I, n° 136 bis.

que la loi déclare préférable à la créance pour aliments (art. 2101).

Malgré les nombreuses autorités qui soutiennent ce système et le présentent comme ne pouvant pas soulever de doute, nous pensons qu'on doit refuser le privilége au prêteur s'il n'y a pas eu de subrogation conventionnelle. En effet, nous ne trouvons nulle part, dans le Code, de règle qui proclame que, parce qu'un privilége est attaché à la qualité de la créance, la subrogation doive avoir lieu de plein droit. Bien loin de là, la loi a énuméré d'une manière limitative les cas de subrogation légale, et l'on ne peut faire rentrer les tiers, qui nous occupent, dans aucun des quatre cas prévus par l'art. 1251. L'analogie n'est pas permise en matière de subrogation. « La subrogation légale, « a dit M. Joubert dans son rapport au Tribu- « nat, ne doit pas être étendue au delà des cas « spéciaux déterminés par la loi (1). »

En vain invoque-t-on l'art. 593 du Code de proc. civ., car cet article ne déclare pas, comme on le prétend, que le créancier qui a prêté des deniers pour des aliments est subrogé de plein droit. Après avoir énuméré, dans l'art. 592, les objets qu'elle déclare insaisissables, la loi pose une exception dans l'art. 593 : — 1° au profit

---

(1) Fenet, t. xiii, p. 349. — Cassat., 15 juin 1820.

des créanciers pour aliments fournis à la partie saisie ; — 2° au profit des fabricants ou vendeurs desdits objets (déclarés insaisissables), ou de celui qui aura prêté pour les acheter, fabriquer ou réparer.

L'art. 593 ne déclare donc subrogé de plein droit que celui qui a prêté de l'argent pour acheter un meuble insaisissable, et non pas celui qui en a prêté pour acheter des aliments, et cela se comprend ; car le premier seul a mis une valeur que l'on trouve encore dans le patrimoine du débiteur.

Toutefois, et cela ressort des principes mêmes qui régissent la subrogation, nous accorderons le privilége, par suite de subrogation, au créancier qui a avancé les deniers pour les funérailles, s'il les a commandées en son propre nom ou au nom de l'héritier du défunt, mais en se portant leur caution ; car alors on se trouve dans le cas prévu par l'art. 1251-3°.

La question que nous venons d'examiner est soulevée également à l'occasion du privilége pour les frais de la dernière maladie ; elle devra être résolue de même. Une réforme est à souhaiter en cette matière ; mais, tant qu'elle n'aura pas été effectuée, on ne peut pas accorder de privilége au tiers qui a payé ces frais.

3° *Privilége des frais de la dernière maladie.*

La loi a créé ce privilége dans un but d'humanité ; elle a voulu que les personnes dont l'insolvabilité est notoire ne soient pas privées des soins que leur santé réclame, et, pour cela, elle a décidé que la créance de ceux que leur profession appelle à secourir les malades (médecins, chirurgiens, garde-malades, pharmaciens, etc.,) fût acquittée immédiatement après les frais funéraires par préférence aux autres créanciers.

Les empiriques ne peuvent pas invoquer le bénéfice de ce privilége, car ils exercent illégalement la médecine ; la loi n'a pas pu songer à eux.

Mais que faut-il entendre par *la dernière maladie ?* Est-ce celle dont le débiteur est mort, ou bien seulement la maladie qui a précédé l'événement, quel qu'il soit, la faillite ou la déconfiture, qui donne lieu à la distribution des deniers ?

C'est cette dernière décision qui est généralement suivie. Ne serait-il pas injuste, disent les partisans de cette opinion, que le médecin qui a sauvé son malade fût moins bien traité que celui qui l'a vu mourir entre ses mains. Les termes dont se sert la loi, ajoutent-ils, sont généraux, et les mots : *de la dernière maladie,* s'appliquent aussi bien à la maladie qui a précédé la faillite ou la déconfiture du débiteur qu'à celle dont il est mort. Il en serait dif-

féremment si la loi eût dit : *les frais de der-*
nière maladie (1).

Nous pensons, au contraire, que le Code n'accorde de privilége que pour les frais de la maladie dont le débiteur est mort.

C'était là la décison admise par tous les anciens auteurs. Pothier nous le dit en termes
formels; ces frais sont dus : aux médecins, pharmaciens, chirurgiens, gardes, pour leurs soins
et fournitures pendant la maladie dont le défunt est mort (2). Brodeau nous en donne le
motif quand il nous dit : « A l'égard des mala-
« dies guéries, l'apothicaire faisant crédit au
« débiteur suit sa foi, rentre dans le droit com-
« mun, et renonce tacitement à son privilége ;
« au lieu que la personne qui a reçu l'assis-
« tance n'étant plus au monde pour avoir soin
« d'une dette si *charitable et si favorable, la loi*
« *y emploie son office et donne un privilége.* »

La loi de brumaire an VII, art. 11-3°, suivait cette doctrine : « *Pour frais de dernière*
« *maladie et inhumation.* » Elle nous montre,
par le rapprochement de ces mots, qu'il s'agit
bien de la maladie qui a emporté le malade.
En vain les partisans du système contraire in-
voquent-ils les termes de l'art. 2101-3° ; les

---

termes de cet article ne sont pas assez expli-
cites pour qu'on y puisse voir une dérogation
aux principes de droit qui, ainsi que nous venons
de le voir, ont toujours été suivis avant la confection du Code Napoléon. Bien plus, ces expressions ont été empruntées à nos anciens auteurs.
D'ailleurs, la place qu'occupent les mots : *de la
dernière maladie*, immédiatement après les frais
funéraires, nous paraît en déterminer le sens.

La raison de décider n'était d'ailleurs pas la
même dans le cas où le débiteur a été sauvé
que dans le cas où il est mort. En effet, s'il a
été guéri, le médecin a l'espoir d'être payé plus
tard, quand son débiteur, reconnaissant, sera
revenu à meilleure fortune. Mais quand le malade est mort, le médecin n'a pu compter sur
cet avenir meilleur, et l'on comprend dès lors
que la loi ait établi le privilége qui nous occupe, afin que les malades dont la position est
désespérée ne fussent pas abandonnés.

D'ailleurs, avec le système adverse, nous ne
comprendrions pas pourquoi la loi ne donnerait
de privilége que pour les frais de la dernière
maladie seulement. Pourquoi un médecin per-
drait-il le privilége qu'il a pour les frais d'une
maladie grave et longue, parce qu'une maladie
légère serait intervenue quelque temps après,
et qu'il l'aurait soignée ?

Tel est, suivant nous, l'état de notre législation sur ce point. Il faut l'observer malgré les critiques auxquelles il peut donner lieu. Il eût mieux valu, nous le reconnaissons, privilégier, dans une mesure différente, tout à la fois et les frais de la maladie dont est mort le débiteur, et ceux des maladies précédentes.

En cas de maladie chronique, le privilége n'a lieu que pour les frais faits depuis le moment où la maladie a commencé à devenir dangereuse. En effet, quoique ce soit bien là la dernière maladie du débiteur, celle dont il est mort, l'esprit de la loi, qui a voulu simplement protéger des créances minimes, peu nuisibles aux autres créanciers, s'oppose à ce que l'on accorde la même faveur à la totalité des frais d'une maladie, qui peuvent s'élever à une somme fort importante, si on a eu soin d'empêcher la prescription des art. 2272 et 2274 du Code Napoléon de s'accomplir. Les médecins n'ont pu, sans se mettre en faute, faire un crédit aussi long, et dès lors ils ont consenti à courir les risques de l'insolvabilité future de leur malade.

4° *Privilége des gens de service.*

La loi a voulu protéger ici des personnes d'une fortune médiocre, dont la créance forme souvent tout le patrimoine, et qui, à cause de leur caractère d'infériorité, n'auraient pas osé demander au maître auquel ils offrent leurs services des sûretés particulières pour garantir le payement de leurs salaires. D'ailleurs, ces créances sont ordinairement fort minimes, et leur payement par préférence nuira bien faiblement aux autres créanciers.

Dans l'ancien droit, il n'y avait pas, en général, de privilége de ce genre. Cependant, quelques localités accordaient un droit de préférence : telle était la coutume de La Rochelle (1). Un acte de notoriété du Châtelet de Paris, du 4 août 1692, avait également accordé un privilége aux domestiques de ville pour une année de leurs gages. Pothier (2) nous l'apprend dans le passage suivant : « Nous avons oublié de « parler d'un privilége qu'on accorde à Paris « aux domestiques de ville pour une année de « leurs gages (voy. l'acte de notoriété du Châ- « telet de Paris du 4 août 1692). Ce privilége « est très favorable et paraîtrait devoir être « suivi ailleurs; cependant, je n'ai pas vu ce « privilége employé dans les ordres et distri- « butions. »

La loi du 11 brumaire an VII, art. 11-4°, généralisa la disposition du Châtelet de Paris en l'étendant à toute la France et en supprimant en même temps la distinction entre les domes-

______

(1) Valin, Com. sur la cout. de La Rochelle (sur l'art. 60, n° 84).

(2) Pothier, Procéd. civ., 4ᵉ partie, ch. 2, sect. 2, art. 7, § 2.

tiques de ville et ceux de campagne. Cette loi accorde un privilége aux domestiques pour une année échue de gages et ce qui est dû de l'année courante : « 4° Pour une année d'arré-
« rages et ce qu'il y a d'échu sur l'année cou-
« rante des gages des domestiques. »

Le Code Napoléon accorde le même privi-lége aux gens de service pour l'année échue et ce qui est dû sur l'année courante. Nous de-vons remarquer l'expression *gens de service* qui, dans l'art. 2101-4°, remplace celle de do-mestiques que l'on trouvait dans la loi de bru-maire an VII.

Tout le monde est d'accord que les mots *gens de service* comprennent d'abord les do-mestiques de ville et de campagne dont il est question dans la loi de brumaire. Mais comme ces mots ont un sens plus large que l'expres-sion de *domestiques*, on s'est demandé s'ils ne désignaient pas encore d'autres personnes, par exemple les personnes qui rendent des services intellectuels, comme des précepteurs, des bi-bliothécaires ou des commis, et, d'une manière plus générale, tous ceux dont on loue les ser-vices.

Nous pensons que l'intention des rédacteurs du Code n'a pas été de donner aux mots *gens de service* une étendue plus grande qu'à la dénomination de *domestiques*, employée dans l'ancien droit. Rien ne le montre dans la discussion ; bien plus, M. Treilhard lui-même, dans son exposé de motifs au Corps législatif, énonce en termes formels *le privilége pour salaires de domestiques* (1). Si dans le Code on a fait usage de l'expression *gens de service*, c'est probablement dans le but unique d'éviter la dénomination de domestiques que quelques rédacteurs regardaient comme blessante pour la dignité du citoyen français (2).

Et puis nous avons déjà dit que la loi avait créé ce privilége pour les personnes qui n'ont guère d'autre patrimoine que leurs salaires; or, il n'y a que les domestiques à qui on puisse appliquer rigoureusement ces motifs. Dans le doute, on ne doit pas donner trop d'extension à ce 4°. Aussi n'accorderons-nous ce privilége qu'aux personnes attachées au service du débiteur ou de sa maison, et nous le refuserons aux secrétaires, intendants, bibliothécaires, aumôniers, aux clercs d'un officier ministériel (3).

____

(1) Fenet, xv, p. 474.

(2) Il est bien vrai que l'on trouve l'expression *domestiques* dans d'autres parties du Code; mais cela vient sans doute de ce que ces titres n'ont pas eu les mêmes rédacteurs que celui qui nous occupe.

(3) La loi du 25 ventôse an XI, art. 10, 2ᵉ alin., sur le notariat, distingue nettement les clercs des notaires des serviteurs : « Les parents, « alliés, soit du notaire, soit des parties contractantes, au degré prohibé « par l'art. 8, *leurs clercs et serviteurs*, ne pourront être témoins. »

Nous le refuserons *a fortiori* aux commis, aux ouvriers qui, sans être à proprement parler au service d'un maître, ce que les tribunaux apprécieront, sont salariés à la pièce, au mois, à la journée ; car ces personnes servent bien plus à l'exploitation de l'industrie qu'à la personne même du maître (1).

Il y a encore ici une autre raison pour ne pas leur accorder de privilége : un homme n'a jamais à son service qu'un nombre assez restreint de domestiques, tandis qu'il emploie souvent, pour exercer son industrie, un nombre considérable de commis, d'ouvriers qui, s'ils jouissaient du privilége, absorberaient presque toute la valeur des biens, et causeraient ainsi un très grand préjudice aux autres créanciers.

Le législateur est venu fournir un argument nouveau à l'appui de notre thèse par une disposition postérieure au Code Napoléon. En effet, la nouvelle loi sur les faillites (28 mai 1838), art. 549, accorde aux commis, ouvriers, employés directement par le failli, un privilége qui vient au même rang que celui du 4° de l'art. 2101 du Code Napoléon, mais qui est moins étendu. Les ouvriers peuvent invoquer

_____

(1) Toutefois, nous allons voir que si les intendants, bibliothécaires, etc., n'ont aucun privilége, les commis, les ouvriers employés par un commerçant, en ont, au contraire, un particulier (art. 549, Code de commerce).

ce privilége pour les salaires du mois qui a précédé la déclaration de faillite; les commis pour les six mois qui ont précédé cette même déclaration.

Art. 549. « Le salaire acquis aux ouvriers « employés directement par le failli, pendant « le mois qui aura précédé la déclaration de « faillite, sera admis au nombre des créances « privilégiées, au même rang que le privilége « établi par l'art. 2101 du Code Napoléon pour « le salaire des gens de service.

« Les salaires dus aux commis pour les six « mois qui auront précédé la déclaration de « faillite seront admis au même rang. »

Si la loi de 1838 a créé pour ces personnes un privilége dans l'art. 549, c'est donc qu'elle a pensé qu'elles ne pouvaient pas invoquer le privilége du n° 4 de l'art. 2101.

Le privilége accordé aux gens de service s'étend aux salaires dus pour l'année échue et pour l'année courante. L'année courante, c'est celle qui est déjà commencée, lors de la déconfiture, de la faillite ou de la mort du débiteur. Les années ont pour point de départ le jour de l'entrée de ce créancier privilégié au service du débiteur.

L'art. 2101-4°, en donnant un privilége pour les salaires de l'année échue et de l'année courante, c'est-à-dire pour les salaires de près de deux années, paraît être en contradiction avec l'art. 2272, qui, déclarant que les salaires des domestiques se prescrivent par un an, semble indiquer par là qu'un domestique ne peut jamais réclamer plus d'une année de gages. Mais cette contradiction n'est qu'apparente, et l'objection vient d'une erreur à laquelle on peut faire une double réponse. D'abord, il peut fort bien être dû plusieurs années de salaires au domestique, s'il a eu soin d'interrompre la prescription, conformément à l'art. 2274.

Mais les gens de service peuvent même avoir une créance efficace, qui comprenne près de deux années de salaires, sans avoir eu besoin de recourir pour cela à aucun acte interruptif de prescription. En effet, la prescription des salaires commence à courir contre le domestique, non pas à partir de chaque jour de service (car le domestique ne peut pas exiger chaque soir le payement de ses gages de la journée), mais seulement à partir du jour où l'année est terminée (art. 2257), quand il s'agit d'un domestique engagé à l'année, ce qui est le cas le plus fréquent. Par conséquent, cet homme peut être créancier d'une année entière et d'une fraction d'année, sans avoir eu besoin de faire aucun acte interruptif de prescription.

Que si le domestique, au moyen d'actes interruptifs de prescription, a conservé ses créances pour plusieurs années, on lui appliquera encore le privilége de l'art. 2101 — 4°, mais *limitativement*, c'est-à-dire seulement pour l'exercice échu, et ce qui lui sera dû pour l'année courante. Il n'aura qu'une simple créance chirographaire pour les autres années.

Il ne faut pas conclure des termes de l'article 2101, qui compte par année les salaires qu'il déclare privilégiés, que le louage du domestique à l'année soit une condition nécessaire pour l'exercice du privilége, et qu'il doive, par conséquent, être refusé aux domestiques qui, souvent aussi, se louent pour une fraction d'année seulement. L'art. 2101-4° ne détermine pas la durée que doit avoir le contrat de louage de services pour qu'il y ait lieu à privilége. Il n'a eu d'autre but que de fixer dans quelles limites la créance des gens de service sera privilégiée, et ses termes généraux ne posent aucune distinction entre les services loués à l'année et ceux qui ne le sont que pour des fractions d'année. L'une et l'autre créance méritaient d'ailleurs la même faveur. Les domestiques loués au mois, à la journée, toutes les fois qu'il s'agira bien de gens qui sont, à proprement parler, au service d'un maître, qui sont attachés au service de sa maison ou de sa personne, pourront donc invoquer le privilége de l'art. 2101-4°, pour l'année échue et l'année courante, s'ils ont eu soin d'interrompre la prescription établie par l'art. 2271; sinon, ils jouiront du privilége pour la partie de leur créance qui ne sera pas prescrite.

On objecte encore quelquefois à ce que nous venons de dire, que la preuve que la loi a en vue, dans l'art. 2101-4°, les serviteurs à l'année seulement, c'est qu'elle a jugé nécessaire d'accorder, dans l'art. 2102-1°, quatrième alinéa, un privilége spécial aux ouvriers payés à la journée.

Cette objection est mauvaise, car, à la différence du cas qui nous occupe, l'art. 2102 concerne des personnes qui ne sont ni des domestiques, ni des gens attachés au service de la maison ou de la personne du débiteur. Ce sont des gens qui sont loués pour quelques travaux spéciaux, et, s'ils ont un privilége spécial, c'est non pas parce qu'ils travaillent à la journée, mais parce que, n'étant ni domestiques ni gens de service, comme l'entend l'art. 2101, ils n'avaient pas droit au privilége général sur les meubles.

5° *Privilége des fournitures de subsistances.*

Ce privilége est fondé d'abord sur des raisons d'humanité, afin que l'homme insolvable puisse encore trouver les choses nécessaires à son existence. D'ailleurs, les créanciers ne peuvent se plaindre, car ils ont un intérêt commun à ce que l'on conserve la vie à leur débiteur, qui, peut-être, les payera plus tard complétement, grâce à son travail.

Dans l'ancien droit, on ne rencontre pas de principe qui décide nettement que les fournitures de subsistances sont privilégiées. On trouve seulement des arrêts qui, n'accordant cette faveur d'abord qu'à quelques catégories de marchands, finissent, après de nombreuses hésitations, par lui donner une application de plus en plus étendue. Ainsi, ce privilége fut d'abord accordé aux boulangers pour leurs fournitures de la dernière année. Un arrêt du 30 juillet 1763 le reconnaît également en faveur des bouchers; il fut confirmé par un arrêt du 13 décembre 1766. Enfin, un arrêt du parlement de Paris, de 1779, déclare que les maîtres de pension sont privilégiés, non-seulement pour les fournitures de subsistances, mais encore pour leurs frais d'instruction (1).

Le Code Napoléon, dans le n° 5 de l'art. 2101, accorde un privilége sur tous les meubles pour fournitures de *subsistances* faites au débiteur et à sa famille.

Tous les auteurs ne sont pas d'accord sur la portée du mot *subsistances*.

Dans une première opinion, ce mot désigne-

____

(1) Denisart, voy. Privilége.

rait tout ce qui est nécessaire pour vivre, c'est-à-dire non-seulement les aliments, mais encore le logement, les vêtements (1).

Nous pensons, avec M. Valette, que la loi, en se servant des expressions *fournitures de subsistances*, a voulu parler des denrées, même non alimentaires, *qui se consomment immédiatement et se renouvellent journellement* pour les besoins de la vie matérielle, telles que la nourriture, le chauffage (à quoi, en effet, serviraient les aliments au débiteur s'il ne pouvait les faire cuire)? l'éclairage, le savon et autres menues denrées.

Dans notre langue, le mot *subsistances*, pris dans son acception la plus large, n'embrasse que les denrées que l'on consomme immédiatement en les employant aux besoins de la vie animale. Ce serait donc en forcer le sens naturel que d'y comprendre les vêtements, le logement (2). D'ailleurs, en ce qui concerne le logement, nous verrons plus loin que le bailleur a un privilége particulier (art. 2102-1°), ce qui semble bien montrer que le législateur ne l'a pas eu en vue dans le n° 5 de l'art. 2101.

Quant au pharmacien qui a fourni des médicaments, il rentrera dans le privilége de l'ar-

---

(1) M. Bugnet.
(2) M. Valette, p. 39.—M. Duranton, n° 67.—M. Troplong, n° 146.

ticle 2101-3°; mais seulement s'il s'agit de la dernière maladie du débiteur. Pour les frais des maladies antérieures, il ne pourra pas invoquer le privilége du n° 5 de notre art. 2101: c'est là une lacùne regrettable; le pharmacien méritait une faveur au moins égale à celle des fournisseurs dont il y est question.

Le maître de pension jouira du privilége que nous examinons, pour la somme qui lui sera due pour frais de nourriture de ses élèves; mais il n'aura aucun privilége pour les frais d'éducation, d'instruction, d'arts d'agrément; car ce sont là des services intellectuels et non pas des fournitures de subsistances (1). Par la même raison, nous lui refuserons ce privilége pour les livres, plumes, papiers et autres objets de cette nature qu'il aurait livrés.

Les fournitures de subsistances elles-mêmes ne doivent pas être privilégiées dans le cas où il y aura eu dépenses voluptuaires, comme celles que le débiteur aurait faites chez le confiseur, le glacier. Décider ainsi, c'est rentrer complétement dans l'esprit de la loi.

Le Code accorde ce privilége, non-seulement aux fournitures faites au débiteur lui-même, mais encore à celles qui sont faites à sa *famille*, c'est-à-dire à sa maison, ce qui comprend sa

______

(1) M. Valette, Cours de l'année 1855.

femme, ses enfants, et même les autres personnes qui habitent avec lui, qui sont à sa
charge, et dont il est considéré comme le chef.
De là il résulte que les fournitures faites à un
aubergiste ne sont pas privilégiées en ce
qui concerne la portion consommée par les
voyageurs (1). De même le fournisseur n'aura
de privilége sur les biens du maître de pension
que pour les fournitures consommées par celui-
ci et par sa famille; mais il n'en aura pas pour
celles qui ont été consommées par les élèves
de la pension (2). Enfin, il n'y a pas lieu à
accorder le privilége toutes les fois qu'il s'agit
de marchandises achetées pour être ensuite
revendues.

L'étendue du privilége varie selon que les
fournitures ont été faites par un marchand en
détail ou par un marchand en gros. Dans le
premier cas, les fournitures ne sont privilégiés
que pour les six derniers mois, tandis que,
dans le second, elles le sont pour l'année entière. Le motif de cette différence vient de ce
que les marchands en détail ont l'habitude de
faire un crédit moins long que les fournisseurs
en gros, que dès lors ils sont en faute s'ils ne se

---

(1) Rouen, 14 juillet 1819. — Lyon, 14 déc. 1832. — Zachariæ, II,
p. 104, note 14.
(2) Paris, 5 mars 1838.

sont pas fait payer, et doivent être moins protégés que ces derniers.

Ce n'est pas le titre que s'est donné le marchand, mais la quantité et l'importance des fournitures livrées qui détermine dans quelle classe de fournisseurs le marchand doit être rangé.

Pour calculer l'année ou les six derniers mois que comprend le privilége, il faut remonter en arrière à partir du jour de la mort du débiteur, ou bien, en cas de faillite, du jour de la déclaration de la faillite (art. 549, Code de com.), ou bien, en cas de déconfiture, du jour de la demande en collocation formée par le créancier (art. 660, proc. civ.).

L'étendue du privilége accordée aux marchands en gros ou en détail pour leurs fournitures était, dans l'ancien droit, en parfaite corrélation avec la durée de leurs actions, la prescription pouvant être invoquée contre les fournisseurs en détail au bout de six mois, et contre les marchands en gros au bout d'un an (1). Aujourd'hui la corrélation n'existe plus : le Code Napoléon a maintenu la distinction, en matière de priviléges, sans se souvenir que les actions des marchands se prescrivent par un an, qu'ils soient marchands en gros ou mar-

____

(1) Art. 127 et 129, tit. 0, Prescription, coutume de Paris.

chands en détail. Ainsi la créance des marchands en détail sera privilégiée pour les six derniers mois, et cédulaire pour les mois précédents.

Toutefois, en ce qui concerne les hôteliers et traiteurs, leur action se prescrivant encore aujourd'hui par six mois (art. 2271-2°), la corrélation entre l'étendue du privilége et la durée de l'action existe à leur égard.

CHAPITRE II.

DES PRIVILÉGES SUR CERTAINS MEUBLES.

L'art. 2102 du Code Napoléon énumère une série de priviléges qui ne portent que sur certains meubles, à la différence de ceux que nous avons examinés dans le chapitre premier.

On peut diviser ces priviléges en deux grandes catégories, d'après leur origine, leur cause :

I. — Priviléges qui tiennent à l'idée d'une constitution de gage faite soit expressément, soit tacitement, au profit du créancier.

II. — Priviléges qui tiennent à ce que le créancier a mis l'objet dans le patrimoine du débiteur ou l'y a conservé.

Car conserver, c'est produire une valeur.

A la différence de ce qu'elle a fait pour les

priviléges généraux , la loi se tait presque constamment en ce qui concerne le rang à établir entre ces priviléges, considérés entre eux : elle ne les classe qu'accidentellement dans quelques cas particuliers.

Le Code Napoléon ne nous donne, non plus, aucun classement des priviléges de l'art. 2102 comparés avec ceux de l'art. 2101.

Nous examinerons ces questions dans un troisième chapitre, et nous chercherons alors à combler ces lacunes.

SECTION 1re.

Priviléges fondés sur l'idée d'une constitution de gage expresse ou tacite.

Cette première catégorie de priviléges comprend :

I. Le privilége du locateur ou bailleur d'immeubles sur tout ce qui garnit la maison louée ou la ferme, et sur tout ce qui sert à l'exploitation de la ferme (art. 2102-1°).

II. Le privilége du créancier qui a reçu un gage conventionnel exprès (art. 2102-2°).

III. Le privilége de l'aubergiste sur les effets du voyageur (art. 2102-5°).

IV. Le privilége du voiturier (art. 2102-6°).

V. Les priviléges des particuliers sur le cautionnement de certains fonctionnaires publics (art. 2102, n° 7).

I. *Privilége du locateur ou bailleur d'immeubles.*

Ce privilége, fondé par rapport aux choses *illatæ inductæ*, sur une idée de gage tacite, a son origine dans l'hypothèque du droit romain.

D'après l'édit du préteur, lorsqu'il s'agissait d'une maison louée, le bailleur avait pour garantie de ses loyers , une hypothèque sur les objets du locataire garnissant cette maison, et cela sans qu'aucune convention expresse fût intervenue à ce sujet : « Eo jure utimur, ut « quæ in prædia urbana inducta illata sunt, pi- « gnori esse creduntur, quasi tacite id convene- « rit ; in prædiis rusticis contra observatur (1). »

De même le bailleur d'une ferme avait une hypothèque tacite *sur les fruits*, mais il n'avait d'hypothèque sur les choses apportées dans la ferme que si une convention formelle était intervenue à ce sujet : « In prædiis rusticis, qui « ibi nascuntur , tacite intelliguntur pignori « esse domino fundi locati, etiamsi nominatim « id non convenerit (2). » On comprend facilement la raison de cette différence entre les deux cas. Le locateur d'une ferme, qui garde le silence, est présumé trouver que les fruits produits par l'immeuble lui offrent une garantie suffisante, tandis que, quand il s'agit d'un

---

(1) L. 4, in quib. caus., Dig. (xx, 2.)
(2) L. 7, in quib. caus., Dig. (xx, 2.)

appartement, d'une maison, comme il n'y a, dans ce cas, aucune production de fruits, le bailleur n'aurait aucune sûreté, si on ne lui en donnait pas une tacitement sur les meubles que l'on y introduira.

L'hypothèque, soit convenue, soit tacite, garantissait, à Rome, non-seulement le prix du bail, mais encore tout ce que comprenait l'*actio locati*, c'est-à-dire les réparations locatives, les plantations que le locataire aurait promis de faire, en un mot toutes les clauses du bail.

Dans nótre ancien droit français, on trouve également la même prérogative, accordée au propriétaire bailleur : seulement cette garantie, au lieu d'être une simple hypothèque, devient un privilége. Dans les pays de droit écrit, on conserva la distinction du droit romain entre le bailleur de maisons et le bailleur de fermes, tandis que, dans la plupart des coutumes, le privilége fut accordé tacitement, même sur les meubles et instruments d'exploitation apportés dans la ferme (1). Toutefois, à l'égard des coutumes muettes, le privilége du bailleur sur ces objets n'était pas admis par tout le monde (2).

---

(1) Pothier, Introd. sur le tit. 19 de la cout. d'Orléans, n° 30. — Traité de procéd. civ., 4ᵉ partie, ch. 2, sect. 2, art. 7, § 2.

(2) Pothier, Louage, n°ˢ 227 et 228 ; Loisel, Inst. coutum., Louage, n° 7, l'admettaient. — Ferrière, au contraire, et Ricard, sur l'art. 171 de la cout. de Paris, le repoussaient.

Le Code Napoléon a suivi les idées de Pothier et du droit coutumier, et, sans faire de distinction entre le bailleur d'une maison ou d'une ferme, il accorde même à ce dernier un privilége sur les objets apportés dans la ferme.

La loi protégeant ainsi les locateurs, il s'en suit que le propriétaire d'une maison peut exiger que le locataire la garnisse d'objets suffisants pour répondre des loyers (art. 1752), ou qu'il donne d'autres sûretés.

1° *Objets du privilége accordé au bailleur.* — L'art. 2102, n° 1, est ainsi conçu à cet égard :

« Les créances privilégiées sur certains meu-
« bles sont :

« 1° Les loyers et fermages des immeubles,
« sur les fruits de la récolte de l'année, et sur
« le prix de tout ce qui garnit la maison louée
« ou la ferme, et de tout ce qui sert à l'exploi-
« tation de la ferme. »

Nous n'avons à examiner, quant à présent, que le privilége du bailleur en tant qu'il porte sur ce qui garnit la maison ou la ferme, et sur ce qui sert à l'exploitation de la ferme. Quant au privilége portant sur les fruits de la récolte de l'année, nous l'étudierons quand nous nous occuperons des priviléges qui reposent sur l'idée d'une plus-value introduite par le créancier dans le patrimoine du débiteur.

Objets mobiliers, autres que les fruits, grevés

par le privilége du locateur. — Nous lisons à ce sujet dans les coutumes de Paris et d'Orléans :

Art. 171 de la coutume de Paris : « Il est loi-
« sible à un propriétaire d'aucune maison par
« luy baillée à titre de loyer, faire procéder
« par voye de gagerie en ladite maison, pour
« les termes à lui deuz pour le louage *sur les*
« *biens estant en icelle.* »

Art. 408 de la coutume d'Orléans : « Le sei-
« gneur d'hôtel peut faire exécution *sur tous*
« *les biens meubles qu'il trouve en son hôtel*,
« pour le paiement des loyers qui lui sont dus,
« encore que celui sur lequel l'exécution sera
« faite ne tînt que partie de ladite maison. »

Le Code Napoléon, s'occupant du même point, nous dit que le privilége porte *sur tout ce qui garnit la maison louée ou la ferme*, et sur tout ce qui sert à l'exploitation de la ferme. Pas de difficulté quant à ce dernier point : c'est tout ce qui a été apporté dans la ferme pour pro- duire ou recueillir les récoltes.

Mais que doit-on entendre par les mots : *tout ce qui garnit la maison louée ou la ferme?*

Pothier nous dit, dans son *Traité du louage*, au n° 245, qu'il s'agit des meubles qui parais- sent être dans la maison ou métairie louée pour y demeurer, ou pour y être consommés, ou pour la garnir. Nous pensons que, sous le Code Na- poléon, il en est de même, et que le privilége du locateur portera sur tous les meubles qui, à raison de la destination de la maison, doivent y être, y rester, soit à demeure, soit à temps pour être ou consommés ou vendus. Ainsi les objets du privilége seront : les chaises, les buffets, les tableaux, les marchandises (Pothier, *Louage*, n° 249), et même le linge, la vaisselle d'argent, encore bien que ces derniers objets ne soient pas ordinairement exposés à la vue, et qu'ils soient renfermés dans des armoires; cependant ils sont destinés à se trouver dans la maison et à la garnir; car ce ne sont pas des meubles vides que reçoit en général un appartement, mais des meubles qui renferment eux-mêmes d'autres effets mobiliers. D'ailleurs, le Code ne se sert-il pas des expressions les plus larges : *Tout ce qui garnit la maison ou la ferme ?*

Nous exclurons des meubles affectés au privilége :

1° Les objets qui, par leur nature, ne seraient qu'entreposés dans la maison louée, comme le mobilier de la campagne remisé pendant l'hiver dans les greniers de la maison de ville.

2° L'argent comptant qui se trouverait dans la maison, car cet argent, étant destiné à être dépensé, on ne peut pas dire qu'il soit dans la maison pour y demeurer (Pothier, *Louage,* n° 250). D'ailleurs le Code nous dit que le bailleur a privilége *sur le prix* des meubles qui garnissent la maison; il ressort de là que les écus échappent au privilége.

3° Les créances dont les titres se trouvent dans la maison, car ces titres sont de simples *instruments*, destinés à prouver l'existence des créances, et ne sont point les créances mêmes. Les créances sont des choses incorporelles, *quæ in solo jure consistunt*, et qui, par conséquent, ne sont dans aucun lieu. Donc on ne peut les comprendre dans les meubles de la maison : notre Code est conforme à l'ancien droit sur ce point.

Il peut se faire que les meubles dont se sert le locataire, ou dont il a garni les lieux loués, ne lui appartiennent pas, qu'ils soient à des tiers; dans ce cas, seront-ils affectés au privilége du vendeur?

A Rome, ces meubles échappaient au droit de gage, aucun objet ne pouvant être affecté d'un droit réel sans le consentement exprès ou présumé du propriétaire.

Dans notre législation, au contraire, le bailleur aura également privilége sur ces meubles, s'il est de bonne foi. En effet, chez nous, le privilége du locataire sur les meubles qui garnissent la maison, reposant sur une idée de gage tacite, il a sur eux une sorte de possession qui lui permet d'invoquer la protection que le Code Napoléon accorde à la possession de bonne foi. Le locateur comprendra donc ces meubles dans son privilége, en faisant usage de la maxime : « En fait de meubles, possession vaut titre » (art. 2279).

C'est également sur cette théorie qu'est fondé le n° 4 de notre art. 2102, qui préfère le bailleur au vendeur d'effets mobiliers. C'est encore cette même idée qui a présidé à la confection de l'art. 1813. Voici l'hypothèse de cet article.

Le bailleur dont le fermier a reçu un cheptel d'autrui a privilége sur ce cheptel, puisque la loi déclare que le privilége du bailleur porte sur les animaux qui garnissent la ferme. Toutefois il n'en est ainsi que s'il ignore que ces animaux ne sont pas au fermier : dès lors, si le propriétaire des animaux lui a fait une notification, sa bonne foi cessant, il n'a plus de privilége sur eux. Remarquons que la notification dont nous parle l'art. 1813 n'est qu'un conseil ; elle a seulement pour effet de prouver d'une manière évidente la mauvaise foi du bailleur en montrant qu'il savait que le cheptel était à autrui. Il faut donc décider que le bailleur n'aura pas de privilége si on parvient à prouver sa mauvaise foi, même par d'autres moyens (1).

Ainsi, en règle générale, le privilége du bailleur sur les meubles qui garnissent les lieux loués, ou qui servent à l'exploitation de la ferme, sera efficacement invoqué toutes les fois que le propriétaire ignorera que ces meubles n'appartiennent pas au locataire; mais s'il sait qu'ils sont à autrui, son privilége cesse, et cette mauvaise foi peut se démontrer par toute espèce de preuves.

Cette connaissance et cette mauvaise foi seront même présumées dans certains cas. Ainsi il peut se faire que, à raison de la profession du locataire, le propriétaire doive s'attendre à trouver chez lui des objets qui y aient été apportés par des tiers, pour les réparer par exemple.

Le privilége du locateur ne peut pas s'exercer non plus sur les meubles perdus ou volés, qui se trouveraient chez le locataire; car dans ces deux hypothèses, la règle de l'art. 2279 cesse de s'appliquer, la possession de bonne foi à titre de créancier gagiste ne devant évidemment pas, dans ces cas, être plus protégé que la possession de bonne foi de celui qui possède à titre de propriétaire. Le bailleur

____

(1) Cassat., rejet, 7 mars 1843 (*Gaz. des Trib.* du 8 mars).

subira donc la revendication du propriétaire de ces objets mobiliers.

S'il y a des sous-locataires, des sous-fermiers, le propriétaire aura-t-il privilége sur les meubles de ces personnes ?

La majorité des coutumes accordait un privilége au propriétaire sur ces meubles jusqu'à concurrence du montant de la sous-location.

La coutume d'Orléans, au contraire, art. 408, dont nous avons cité le texte un peu plus haut, applique le privilége du propriétaire sur les meubles des sous-locataires pour la totalité de la valeur du loyer principal.

Notre Code a suivi les règles de la majorité des coutumes (art. 1753, Code Nap.; art. 819 et 820, Code de proc. civ.). Le propriétaire a un privilége sur les meubles du sous-locataire pour le montant de ce que ce sous-locataire doit au locataire principal. Le sous-locataire pourra opposer valablement au propriétaire les payements qu'il aurait déjà faits au locataire principal, pourvu, toutefois, qu'ils n'aient pas eu lieu avant le terme et de mauvaise foi.

Le propriétaire est considéré comme directement créancier du sous-locataire, ce qui résulte des mots : « le sous-locataire *n'est tenu envers* « *le propriétaire....* » de l'art. 1753. Par conséquent, celui-ci n'ayant pas besoin d'invoquer le secours de l'art. 1166, comme exerçant les droits de son débiteur, n'a pas à craindre sur ces meubles le concours des autres créanciers du locataire principal. De plus, au lieu de recourir à la procédure de saisie-arrêt, il peut procéder par la saisie-gagerie, voie plus expéditive, qui n'exige pas de titre exécutoire (article 820, Code de proc. civ.).

2° *Quelles créances garantit le privilége de l'art. 2102, n° 1, et dans quelle mesure.* — Ce privilége a lieu, non-seulement pour les loyers et fermages, mais encore, nous dit notre article, dans un de ses alinéas, pour les réparations locatives et pour tout ce qui concerne l'exécution du bail. Ainsi, ce privilége s'étend à toutes les obligations qui sont imposées au locataire dans le titre du louage, et à toutes celles que les parties ont ajouté au contrat comme conditions du bail. Si le bailleur a fait des avances au fermier, soit dans le contrat, soit postérieurement, pour le mettre à même d'exécuter le bail, par exemple, en lui fournissant des semences, nous pensons, comme Pothier, que le locateur sera privilégié pour le remboursement de ces avances, puisqu'elles ont eu pour but l'exécution du bail, ce qui rentre dans les expressions dont se sert l'art. 2102.

Quel est le temps de location que comprend le privilége?

Il faut distinguer plusieurs hypothèses.

PREMIÈRE HYPOTHÈSE. *Le locateur ne se trouve pas en concours avec d'autres créanciers du locataire.*

Dans ce cas, on lui appliquera les règles du droit commun, applicables aux créanciers ordinaires, c'est-à-dire qu'il ne pourra exiger que ce qui lui est déjà dû lors de la saisie qu'il fait des meubles, et il ne pourra rien prétendre pour les termes à échoir; car en droit commun on ne peut forcer un débiteur à payer avant le terme (1).

Si le locataire dont les meubles ont été vendus pour payer les loyers échus ne regarnit pas la maison d'objets suffisants pour assurer le payement des loyers à venir, il pourra être expulsé conformément aux art. 1752 et 1766.

L'art. 2102 ne s'occupe pas de cette première hypothèse, qui rentre dans le droit commun. Il établit un privilége et suppose, par conséquent, un conflit entre plusieurs créanciers.

DEUXIÈME HYPOTHÈSE. *Les autres créanciers du locataire se présentent pour concourir avec le bailleur sur le prix des meubles.*

Ici s'élève la question dont s'occupe notre article, de savoir dans quelles limites le locateur pourra leur opposer son privilége. La loi pose à ce sujet une distinction : ou bien le bail a

______

(1) M. Valette, n° 61. — Cassat., 8 déc. 1806.

date certaine, ou bien il n'a pas date certaine. Craignant la fraude entre le bailleur et le locataire au préjudice des tiers (qui sont ici les autres créanciers du locataire), elle accorde, dans le dernier cas, un privilége moins étendu que dans le premier. Nous allons les examiner successivement.

PREMIER CAS. *Le bail a date certaine avant la saisie ou la faillite.*

Le privilége comprend les loyers et fermages dans toute leur étendue, c'est-à-dire échus et à échoir, sans exception. On comprend facilement que la loi accorde un privilége pour ce qui est échu, c'est là une dette exigible ; mais ce qui paraît exorbitant, c'est qu'elle accorde le même privilége pour les loyers à échoir. Il est vrai, a-t-on dit, que la faillite ou la déconfiture amènent la déchéance du bénéfice du terme (art. 1188, Code Nap.; art. 444, Code comm.), et que la faillite rend même exigible une créance qui ne devait jamais l'être, le capital d'une rente (art. 1913).

Cette raison n'est pas suffisante; il peut se faire, en effet, qu'il n'y ait eu ni faillite ni déconfiture et que la question se présente à la suite d'une saisie faite par les autres créanciers du locataire.— On a répondu encore que dans ce cas le bénéfice du terme était perdu par le locataire, parce qu'il avait diminué les sûretés du propriétaire par son fait (art. 1188). Toutes ces explications sont insuffisantes, car les créances à échoir, que l'art. 2102 autorise le bailleur à se faire payer, ne sont pas seulement des créances à terme, mais sont des créances conditionnelles dont l'existence est subordonnée à la condition que le locataire continuera à avoir la jouissance des lieux loués (art. 1719), de sorte que si la chose venait à être détruite le cours des fermages s'arrêterait, et que même, si la perte de la jouissance n'était que partielle, les loyers seraient diminués (art. 1769 et 1770) (1).

Nous pensons que la loi a considéré ici le propriétaire comme une espèce de créancier gagiste sur les meubles qui pourrait valablement dire aux autres créanciers saisissants : « Je détiens en quelque sorte les objets qui « sont dans ma maison ; j'ai un droit de gage « sur eux ; ils forment ma garantie pour le « passé et pour l'avenir ; j'ai le droit de les re- « tenir, et, pas plus que mon débiteur, vous « ne pouvez me les enlever si vous ne me dé- « sintéressez pas complétement (2).

Bien évidemment, même dans le cas où le bail a date certaine, il faut appliquer les principes du droit commun et décider que les autres

---

(1) M. Valette, Cours de l'année 1855.
(2) M. Buguet, Cours de l'année 1852.

créanciers peuvent attaquer ce bail et le faire tomber en prouvant qu'il a été fait frauduleusement (art. 1167) en vue d'une faillite ou d'une saisie prochaine.

2° CAS. *Il n'y a pas de bail ayant date certaine.* — Dans ce cas l'art. 2102 nous dit que le privilége a lieu : « pour une année à partir de « l'expiration de l'année courante. »

Les auteurs sont loin de s'entendre sur le sens de cette phrase, et plusieurs systèmes se sont produits à ce sujet :

Premier système. — Ses partisans, se fondant sur ce que les priviléges sont de droit étroit, prennent le texte de l'article à la lettre et n'accordent de privilége que pour une année à partir de l'année courante, le refusant pour l'année courante elle-même.

Deuxième système. — Le bailleur a privilége pour une année dans l'avenir et pour l'année courante. Comment concevoir, en effet, que le législateur ait voulu favoriser des loyers qui ne seront peut-être pas dus, tandis qu'il n'accorderait pas la même protection pour ceux de l'année courante dont l'existence est certaine (1).

Troisième système. — Les auteurs qui l'adoptent déclarent privilégiés les loyers de toutes les

______

(1) M. Valette,

années échues, de l'année courante et d'une année dans l'avenir. En effet, dit-on, la loi dans cet alinéa ne s'occupe pas du passé; elle a uniquement pour but, non pas de déterminer ce que le bailleur aura en cas de bail n'ayant pas date certaine, mais seulement ce qu'elle lui enlève dans ce cas. Or, elle ne lui refuse le privilége que pour les années à échoir, sauf la première. En dehors de cela, le privilége est maintenu pour toutes les autres années, c'est-à-dire pour les années échues et pour l'année présente.

Ce système nous paraît devoir être adopté si on recherche quel a été l'esprit de la loi. Or, le but des législateurs nous paraît avoir été de mettre obstacle aux fraudes que le débiteur en détresse voudrait pratiquer, afin de soustraire à son profit et au préjudice de ses créanciers le plus d'argent possible. Ils ont craint qu'une collusion n'eût lieu, dans ce but, entre le bailleur et le locataire; c'est là ce qu'ils ont voulu éviter. Toutefois, ils n'ont pu et n'ont dû prévoir que celles de ces fraudes qu'ils pouvaient empêcher. Or, quatre sortes de fraudes pouvaient avoir lieu du commun accord du bailleur et du locataire. Parcourons-les successivement afin de découvrir quelle est celle à laquelle la loi a voulu obvier.

1° *Fraude qui consisterait dans les exagéra-*

tions du prix. — Mais cette fraude est peu à redouter ; car on sait bien ce que peut se louer tel ou tel immeuble dans la localité où il est situé. L'augmentation dans le prix du bail ne pourrait donc pas être bien considérable et il est peu probable que le propriétaire consente à porter atteinte à sa réputation pour obliger son locataire.

2° *Fraude qui consisterait à faire remonter le bail à une époque antérieure à celle où il a été véritablement convenu, afin d'augmenter le nombre des années échues.* — Mais une enquête locale suffira pour déjouer cette fraude ; car l'occupation des lieux est un fait de notoriété publique.

3° *Fraude qui consisterait à annuler les quittances afin de réclamer des loyers déjà payés.* — Mais cette fraude n'a point de remède, et elle peut se produire aussi bien dans le cas où le bail a date certaine que dans l'hypothèse qui nous occupe.

Ce n'est donc aucune de ces trois premières sortes de fraudes que le législateur a voulu prévenir dans l'hypothèse qui nous occupe.

4° *Fraude qui consisterait dans une prolongation de bail pour l'avenir.* — C'est là la seule fraude praticable, celle à laquelle la loi a voulu porter un remède, parce que c'était la seule contre laquelle il pût agir efficacement. C'est pour la prévenir qu'il a décidé que, si la durée de la location n'était pas déterminée d'une manière certaine par un bail ayant date certaine, le propriétaire n'aurait de privilége que pour une seule des années à venir.

Il serait bizarre, ajouterons-nous, que le législateur accordât au bailleur le droit de se faire payer des loyers qui ne sont pas dus, et qu'il lui refusât ceux qui sont échus.

L'art. 819 fournit encore un argument en notre faveur, puisqu'il permet au propriétaire de saisir les meubles *pour loyers et fermages échus, soit qu'il y ait bail, soit qu'il n'y en ait pas.* Le législateur met ici les termes échus sur le même pied, que le bail ait ou non date certaine. Or, s'ils sont privilégiés dans le premier cas, le législateur a voulu qu'ils le fussent également dans le second.

Si le Code donne au propriétaire cette faveur énorme de se faire payer des loyers qui ne sont pas encore échus, en revanche, il concède aussi aux créanciers quelques droits que nous allons examiner.

Le propriétaire étant complétement désintéressé, la loi a voulu que les autres créanciers n'en souffrissent pas. En conséquence, elle leur donne le droit de relouer la maison ou la ferme pour le temps du bail qui reste à courir. Ils auront cette faculté, alors même que les clauses du bail défendraient à leur débiteur de sous-louer ou de céder le bail. Nous pensons que c'est même là l'hypothèse que l'art. 2102 a eue en vue; car en dehors du cas de cette prohibition, la faculté de sous-louer étant le droit commun, il n'était pas nécessaire de faire un alinéa pour dire que les créanciers auraient alors une faculté que l'art. 1166 leur permettait déjà d'exercer au nom de leur débiteur.

Le législateur a considéré aussi que le propriétaire, qui s'est fait payer les loyers à échoir ne pouvait équitablement garder tout à la fois, les loyers et la jouissance de l'immeuble, et qu'en se faisant payer les loyers à venir, il avait par là même renoncé tacitement à la prohibition que renfermait le bail au sujet de la sous-location.

Cependant nous pensons que, dans le cas où le bail porte défense de sous-louer, à la différence de celui où cette prohibition n'existe pas, le propriétaire a le choix, ou de reprendre la jouissance de son immeuble en renonçant aux loyers à échoir, ou d'exiger ses loyers en laissant les créanciers relouer l'immeuble.

Pour pouvoir profiter de la faveur que la loi leur accorde, les créanciers ont aussi quelquefois des obligations à remplir. Si le mobilier n'a pas suffi pour payer au bailleur tous les termes échus et à échoir, les créanciers pourront bien relouer, mais à la condition de payer au propriétaire tout ce qui lui est encore dû. Toutefois, en présence du silence de la loi, nous ne pensons pas que ce reliquat doive être acquitté de suite, et nous croyons qu'il ne devra être payé qu'au fur et à mesure de la jouissance, c'est-à-dire des échéances; car s'il en était autrement, le bailleur bénéficierait de ce que son locataire a été ruiné, et gagnerait des intérêts qu'il n'aurait pas eus sans ce malheur. D'ailleurs il ne peut se plaindre en faisant valoir des craintes d'insolvabilité pour l'avenir, puisqu'il a le mobilier des nouveaux locataires pour garantie.

Nous pensons également que, dans cette même hypothèse, c'est-à-dire dans le cas où les meubles n'ont pu payer qu'une partie des loyers à échoir, les créanciers ne pourraient pas scinder le bail, en ne louant que pour le temps correspondant aux termes à échoir qui se sont trouvés acquittés. C'est ce qui résulte des termes de l'art. 2102, lequel parle de la faculté de relouer *pour le restant du bail*, à la charge de payer au propriétaire *tout ce qui lui serait encore dû*.

A Paris et dans diverses localités, les baux sont souvent faits pour un temps indéfini, que le bail ait ou non date certaine. Dans ce cas, les créanciers peuvent, comme leur débiteur,

donner congé au propriétaire pour se débarrasser des loyers à échoir, après le temps qui
est en usage.

Quoique la loi n'accorde expressément aux
créanciers la faculté de relouer que dans le cas
d'un bail ayant date certaine, il faut appliquer
la même décision, même dans le cas où le bail
n'a pas date certaine. Les créanciers pourront
donc relouer, dans ce cas, pour le restant du
bail ; car le bailleur ayant exercé son privilége pour l'année présente et pour l'année suivante, il serait injuste qu'il eût à la fois et les
loyers et la jouissance de l'immeuble.

D'ailleurs pourquoi distinguerait-on si le bail
a ou non date certaine? L'acte sous seing privé
ne lie-t-il pas les parties qui l'ont signé, et le
locateur n'est-il pas dès lors évidemment engagé vis-à-vis les créanciers du locataire qui
invoquent le bail, comme il le serait vis-à-vis
ce locataire lui-même ? La date certaine n'est
requise que dans l'intérêt des tiers. Or, ces
tiers sont ici les créanciers, qui seuls pourraient se prévaloir de ce défaut.

3° *Du droit de suite accordé au bailleur.* —
Outre le droit de préférence que la loi confère
au bailleur sur les meubles du locataire, lorsqu'ils ont été saisis et vendus, elle lui donne
encore, dans certains cas, un droit de suite.
Lorsque ces meubles ont été déplacés sans son

consentement, il peut, dit le Code, exercer à leur égard une *revendication*. Cette expression doit être remarquée. Comment se fait-il que le bailleur puisse revendiquer ces meubles, puisqu'il n'en est pas propriétaire ? C'est qu'il a dessus une sorte de droit réel de gage, et c'est là ce qu'il revendique : il demande que ces objets soient remis dans les lieux loués, qu'ils rentrent en sa possession.

Pour qu'il puisse exercer ce droit de revendication, il faut que ces meubles aient été déplacés sans son consentement formel ou tacite. C'est là, du reste, une question de fait dont la solution doit être abandonnée aux tribunaux; ainsi le bailleur qui a vu emporter des meubles, et qui n'a rien dit, sera présumé avoir consenti tacitement à leur déplacement. De même le bailleur qui loue un magasin consent d'avance au déplacement des marchandises qui seront vendues.

Ce droit de suite, dans le cas d'un déplacement contraire à la volonté du propriétaire, était déjà accordé dans nos pays de droit coutumier. Dans les pays de droit écrit, on suivait les principes du droit romain. Or, nous savons qu'à Rome, le bailleur avait une hypothèque sur les meubles du locataire qui lui donnait, par conséquent, un droit réel contre toutes personnes

Le délai pour exercer ce droit de revendication est assez court. La coutume d'Orléans accordait huit jours au locateur d'une maison, et quarante jours au locateur d'une ferme (1). Le Code Napoléon a conservé ces délais, en portant toutefois à quinze jours le délai de huit jours. Ces délais devaient être courts afin d'éviter les difficultés qui, sans cela, auraient pu s'élever, lors de la reconnaissance des meubles, sur leur identité. D'ailleurs, comme cette revendication, ainsi que nous allons le voir, se donne même contre les possesseurs de bonne foi, il était juste d'assurer rapidement leur tranquillité. On a accordé un délai plus long quand il s'agit de la location d'une ferme que quand il s'agit de celle d'une maison, parce qu'il est moins facile pour le propriétaire d'exercer une surveillance active sur ce qui se passe dans la ferme, presque toujours éloignée du lieu qu'il habite lui-même.

Cette revendication est admise même contre les tiers possesseurs de bonne foi. Cela n'a rien d'étonnant, puisque notre législation admet la revendication des meubles corporels par le propriétaire contre les possesseurs de bonne foi, en cas de perte ou de vol (art. 2279). Or le

____

(1) Pothier, Louage, n° 257 et 259. — Introd. au titre 19 de la cout. d'Orléans, n° 49. — Dumoulin, n° 125, Cout. du Bourbonnais.

déplacement des meubles du locataire est une espèce de vol de la possession qu'avait le bailleur à titre de gage. Ce locateur n'est pas plus en faute que le propriétaire victime d'un vol. On ne peut pas l'assimiler à celui qui a cessé de posséder par suite de son imprudence, d'un abus de confiance ; car il ne pouvait pas empêcher le locataire de détenir ces objets. D'ailleurs, il faut bien reconnaître ici que ces tiers acquéreurs ont quelque imprudence à se reprocher. Ne savaient-ils pas que les meubles du locataire sont le gage de son bailleur, et ne devaient-ils pas prendre des informations près de celui-ci pour savoir s'il était payé?

Si ce tiers de bonne foi a acheté cette chose dans une foire, dans un marché, ou d'un marchand vendant ordinairement des choses de cette nature, il faudra appliquer les principes de l'art. 2280, c'est-à-dire que le bailleur ne pourra revendiquer les meubles déplacés qu'en remboursant à ce tiers son prix d'acquisition, ce qu'il aura intérêt à faire toutes les fois que la chose aura été vendue à vil prix.

Si le locataire a transporté ces meubles dans un nouvel appartement qu'il vient de louer, le bailleur du premier appartement peut exercer la revendication contre le nouveau locateur; car s'il peut l'exercer contre un acquéreur de bonne foi, *a fortiori* a-t-il ce droit contre un simple possesseur dont la possession est postérieure à la sienne.

II. *Privilége du créancier qui a reçu un gage conventionnel exprès.*

Nous ne rappelons que pour mémoire ce privilége, dont l'étude rentre dans celle du titre du Nantissement, dont nous n'avons pas à nous occuper dans cette thèse. Nous dirons seulement que, en dehors des cas prévus par les articles 2101 et 2102, une créance peut être garantie par un privilége portant sur des meubles, si les formalités prescrites pour la constitution du droit de gage ont été remplies. La définition que donne du privilége l'art. 2095 est donc incomplète, puisque non-seulement la qualité d'une créance mais encore la convention des parties peut donner naissance à un privilége.

Nous ajouterons que le Code Napoléon, conformément à notre ancienne législation (article 181 de la cout. de Paris, et art. 450 de la cout. d'Orléans) exige que le créancier possède l'objet pour qu'il y ait privilége, afin que le droit de préférence sur ce meuble soit connu des tiers (art. 2076 et 2102-2°). Par conséquent, plus de privilége si le créancier se dessaisit volontairement de l'objet. Mais nous pensons que le créancier gagiste a la revendication contre les tiers détenteurs dans le cas où il a cessé de posséder par suite de la perte ou du vol de l'objet donné en gage.

En vain objecte-t-on que les art. 2076 et 2102-2° refusent cette revendication, puisqu'ils exigent que le créancier soit saisi du gage; que l'ancien droit, dont notre Code a suivi la doctrine, disait : « Meubles n'ont pas de « suite par hypothèque. » Cette maxime ne s'y appliquait qu'aux meubles hypothéqués, c'est-à-dire qu'à ceux dont le débiteur avait conservé la possession, tandis qu'il en était différemment des meubles remis en gage, c'est-à-dire dont le débiteur avait transmis la possession au créancier, comme le décide lui-même Pothier. De plus, l'ancienne jurisprudence, dans ce dernier cas, ne déclarait perdu le privilége que quand le dessaisissement de l'objet avait été volontaire de la part du créancier (1), et c'est ainsi encore qu'il faut interpréter aujourd'hui les art. 2076 et 2102-2°.

____

(1) Pothier, Hyp., ch. 4, art. 2, § 1; id., ch. 1, Hyp., sect. 2, § 1 : « Ce droit qu'a le créancier de posséder la chose qui lui a été donnée en « nantissement, non-seulement lui donne pour la retenir une exception « contre le propriétaire de la chose qui l'a donnée en nantissement, ou « ses héritiers qui la revendiqueraient; elle lui donne aussi, en cas que « la chose lui ait été soustraite, une action réelle pour se la faire rendre « contre quiconque se trouverait l'avoir par devers lui, fût-ce le pro-« priétaire de qui il l'a reçue en nantissement. »

D'ailleurs nous venons de voir, à l'instant même, que le bailleur dont le privilége repose sur une idée de gage tacite, a un droit de revendication. Pourquoi le refuserait-on à un créancier qui a un droit de gage expressément constitué, surtout si nous remarquons que la possession de ce dernier est bien plus complète que celle du locateur.

Le créancier aura trois ans pour exercer son droit de revendication, suivant les règles du droit commun (art. 2280), la loi n'ayant pas restreint ce délai, comme elle l'a fait pour le locateur.

Enfin, nous pensons que le créancier gagiste a un droit de gage valable, et par conséquent un privilége, alors même que son débiteur n'était pas propriétaire du meuble qu'il lui a remis, si toutefois il l'a reçu de bonne foi.

En effet, la maxime : « En fait de meubles...» vient le protéger. Il acquiert par une prescription instantanée le droit réel de gage qu'il croyait tenir du propriétaire, de même que l'acheteur acquiert le droit réel de propriété sur le meuble qu'il reçoit de bonne foi, *a non domino;* mais il faut, pour qu'il en soit ainsi, que l'objet en question n'ait été ni volé ni perdu.

III. *Privilége de l'aubergiste sur les effets des voyageurs.*

L'origine de ce privilége se trouve dans l'article 175 de la coutume de Paris, ainsi conçu :

« Dépens d'hostelages livrez par hostes à « pèlerins, ou à leurs chevaux, sont privilé- « giez, et viennent à préférer devant tout « autre, sur les biens et chevaux hostelés, « et les peut l'hostelier retenir jusques à « payement; si aucun autre créancier les vou- « lait enlever, l'hostelier a juste cause de soy « opposer (1). »

Rien n'est plus équitable que ce privilége; c'est là une juste compensation à la responsabilité assez lourde dont la loi charge les hôteliers. Elle les considère, en effet, comme des dépositaires nécessaires, et, à ce titre, admet contre eux la preuve du dépôt par témoins, même au-dessus de 150 fr. De plus, elle les rend responsables du vol ou du dommage causé chez eux aux effets des voyageurs, même quand ce dommage a été commis par des personnes étrangères à l'hôtel (art. 1953). — Mais, en revanche, elle a voulu que l'aubergiste, qui est forcé de loger et de nourrir des voyageurs

---

(1) Voy. aussi Pothier, Proc. civ., 4ᵉ partie, ch. 2, sect. 2, art. 7, § 2.

qu'il ne connaît pas, ait un privilége sur leurs effets, pour assurer le payement des fournitures qu'il leur fait.

Ce privilége est basé sur l'idée d'un gage tacite. De là les conséquences suivantes :

1° L'aubergiste aura un privilége sur tous les effets apportés par le voyageur chez lui, quand même ils n'appartiendraient pas tous à celui-ci, et cela en vertu de la règle de l'article 2279, en y ajoutant, bien entendu, le tempérament apporté par l'art. 2280. Tel était déjà l'ancien droit, et le Code ne paraît pas y avoir dérogé, puisqu'il se sert des expressions : « *sur les effets transportés dans son auberge,* » sans faire aucune distinction. Inutile d'ajouter que, si l'aubergiste savait que ces effets sont à autrui, alors, ne les possédant point de bonne foi, il n'aurait pas de privilége sur eux.

2° L'aubergiste pourra retenir, jusqu'à ce qu'il soit payé, les objets dont il est nanti, et même ce droit est tellement inhérent à son privilége, qu'il est une condition de son exercice. Il ne pourra donc pas se faire payer, sur le prix provenant de leur vente, des fournitures qu'il aurait faites au voyageur lors d'un précédent voyage; car en se dessaisissant des objets que le voyageur avait apportés chez lui lors de ce premier voyage, il a tacitement renoncé à son privilége.

3° Enfin, nous pensons que l'aubergiste a, comme le bailleur, le droit de revendiquer les effets du voyageur, quand ils ont été enlevés de son hôtel, sans son consentement; car il y a là un vol de gage. Il pourra exercer ce droit de revendication pendant le délai de droit commun, c'est-à-dire pendant trois ans (art. 2279), le Code n'ayant pas fixé une délai plus court.

Le mot *effets* doit se prendre dans un sens large. Toutefois, de même que sous l'ancienne jurisprudence, nous pensons que le privilége de l'aubergiste n'atteint pas les effets qui couvrent le voyageur. L'art. 592-2° du Code de procédure civile déclare, d'ailleurs, que les habits dont le débiteur est vêtu ne pourront être saisis pour aucune créance, même celles énumérées en l'art. 593.

L'aubergiste a privilége *pour les fournitures de son état* qu'il a faites au voyageur; mais il n'en a pas pour les autres créances qu'il pourrait avoir contre lui, comme dans le cas où il lui aurait fait un prêt d'argent.

Enfin, même pour des fournitures de son état, l'hôtelier n'aura pas de privilége, si elles n'ont pas été faites à des voyageurs, comme le veut l'art. 2102, mais à des personnes habitant la localité. Il n'y a plus ici la même raison de le favoriser; car il pouvait facilement se rendre compte de la solvabilité de ces personnes, et leur refuser les fournitures demandées. Dans ce cas, c'est le privilége de l'art. 2101-5° pour les subsistances qu'il leur aurait fournies qu'il pourra seul invoquer.

IV. *Privilége du voiturier.*

Ce privilége s'applique aux entrepreneurs de transports, que ces transports aient eu lieu par terre ou par eau.

Il a lieu pour les frais de voitures et les dépenses accessoires sur la chose voiturée, tels que les frais de douane, d'octroi.

Les interprètes du droit ne sont pas d'accord sur l'idée qui a donné naissance à ce privilége. Suivant les uns, il repose sur une idée de plus-value que le transport aurait donnée à la chose, et alors le voiturier conserverait son privilége, bien qu'il se fût dessaisi de l'objet. Suivant les autres, il a pour base une idée de gage tacite, et dès lors le voiturier perd son gage en cessant de détenir la chose.

Premier système. — Le privilége du voiturier repose sur une idée de création de plus-value, d'amélioration de la chose.

En effet, dit-on, le transport des marchandises, loin du lieu de leur production, augmente leur valeur. D'ailleurs, l'art. 2102-6° n'exige pas, pour l'exercice du privilége, que le créancier soit encore nanti des choses qui en font l'objet. On s'appuie encore sur l'art. 307 du Code de commerce, qui permet au capitaine d'invoquer son privilége pour son frêt, *pendant quinzaine après la délivrance.* Puis, ajoute-t-on, si on admet l'autre système, le voiturier perdra toujours son privilége; ne faut-il pas, en effet, qu'il se dessaisisse des objets, afin que le destinataire vérifie, avant de le payer, l'état dans lequel ils sont arrivés? Enfin on invoque l'opinion de Pothier, qui, dans l'ancien droit, considérait ce privilége comme indépendant du fait de possession (1).

Deuxième système. — Nous pensons que ce privilége est fondé sur une idée de nantissement.

Car chez nous, ainsi que nous le verrons, la conservation des choses mobilières ou leur introduction dans le patrimoine du débiteur est bien une cause de privilége, mais il n'en est pas de même de leur simple amélioration (sauf l'exception relative aux instruments, dont parle l'art. 2102-1°, 4° alinéa), de la plus-value qu'on leur a donnée.

S'il est vrai, ainsi que le soutiennent les partisans du système adverse, que le privilége du voiturier repose sur une plus-value qu'il au-

______

(1) Pothier, Procéd. civ., 4ᵉ partie, ch. 2, sect. 2, art. 7, § 2.

rait donnée aux marchandises en les transportant, ce privilége ne devrait alors avoir d'effet que jusqu'à concurrence de cette plus-value. Il arrive souvent qu'il n'y a pas de plus-value : ainsi, si l'on transporte de vieux meubles d'un endroit à un autre ; il peut arriver même qu'il y ait eu du dommage à déplacer ces objets. Dans ces hypothèses, pour être conséquent, le système adverse devrait admettre qu'il n'y a aucun privilége pour le créancier, ce qu'il ne fait pas et ne peut pas faire, en présence de la loi qui ne pose aucune distinction.

L'art. 2102 ne dit pas, sans doute, que le voiturier doit être nanti pour pouvoir exercer son privilége ; mais il ne le dit pas non plus pour l'aubergiste, et cependant personne ne nie qu'il doive en être ainsi dans ce cas.

Quant à l'art. 307 du Code de commerce, c'est une dérogation aux principes qui vient confirmer notre règle. Cette dérogation s'explique par la faveur due au commerce maritime et par la position différente du capitaine et du voiturier. On n'a pas permis au capitaine, comme au voiturier, de retenir sur son navire les marchandises jusqu'à ce que le transport lui en ait été payé, parce que c'eût été exposer ces objets aux dangers de la mer (art. 306, Code comm.). Dès lors on ne pouvait donc pas exiger que le capitaine fût encore détenteur des marchandises pour pouvoir invoquer son privilége, et dire qu'en s'en dessaisissant il avait renoncé tacitement à ce privilége. Il valait donc mieux, dans ce cas, dans l'intérêt du commerce même, forcer le capitaine à se dessaisir, mais en lui conservant son privilége pendant un certain délai après qu'il avait cessé de posséder.

Le premier système est inconséquent, il reconnaît que la position qui est faite au capitaine est moins favorable que celle du voiturier, puisqu'il n'a pas le droit de rétention, et cependant il traite le voiturier plus favorablement encore que le capitaine.

En effet, le Code de commerce ne donne au capitaine que quinze jours pour l'exercice de son privilége, tandis que la loi étant muette à l'égard du voiturier, on doit appliquer à celui-ci les règles du droit commun, c'est-à-dire que le privilége du voiturier subsisterait autant que sa créance, trente ans, si les objets sont restés en la possession du destinataire.

C'est là un résultat tellement inadmissible que plusieurs partisans du premier système, agissant d'une manière peu logique avec leur opinion, ont décidé que le privilége du voiturier ne durerait qu'autant que celui-ci aurait agi dans un délai que le juge appréciera *ex æquo et bono*. Ce mode de procéder serait peut-être meilleur; mais on comprend que, le poser comme établi, c'est faire la loi et non pas la suivre.

Si le voiturier perd la possession des choses transportées, parce qu'elles lui ont été enlevées, il ne perdra pas dans ce cas son privilége, et aura trois ans pour agir en revendication, à moins que des circonstances particulières n'indiquent de sa part une renonciation tacite à ce privilége.

V. *Priviléges des particuliers sur le cautionnement de certains fonctionnaires publics, pour faits de charge.*

Le n° 7 de notre art. 2102 nous indique un privilége créé par la loi en faveur des particuliers sur le cautionnement de certains fonctionnaires. Il s'agit ici de ces fonctionnaires qui ont un monopole, et dont le ministère est imposé aux particuliers pour certaines affaires. Il était juste de donner des sûretés spéciales aux personnes forcées de les employer. Si ces fonctionnaires deviennent débiteurs de leurs clients par suite des abus ou autres prévarications qu'ils commettraient dans l'exercice de leur ministère, ces clients auront pour ces créances un privilége sur le cautionnement que l'État fait déposer par eux entre ses mains. C'est donc là un privilége reposant encore sur une idée de gage, dont le Trésor public est détenteur au nom des particuliers.

Il faut, pour pouvoir invoquer ce privilége, que la prévarication ait eu lieu à l'occasion des fonctions du prévaricateur, *pour faits de charge*; ainsi la personne qui donne mandat à un notaire de lui placer des fonds, n'a contre lui qu'une créance simple, c'est-à-dire sans privilége, si celui-ci a mal rempli son mandat.

Les fonctionnaires dont il est ici question sont : les conservateurs des hypothèques (loi du 21 ventôse an VII, art. 8) ; ils répondent de leurs erreurs et omissions (art. 2220, Code Napoléon); les notaires (loi du 25 ventôse an XII, art. 11, 33, 34 et 37); les huissiers, greffiers et avoués (loi du 25 nivôse an XIII); les courtiers de commerce, les commissaires-priseurs, les agents de change.

La loi du 25 nivôse an XIII contient de nombreuses dispositions sur la manière dont se conserve le privilége pour faits de charge.

En dehors du privilége que nous venons de voir, le cautionnement de ces fonctionnaires est également affecté, *en second ordre* (loi du 25 nivôse an XIII), d'un privilége en faveur des personnes qui ont prêté à ces fonctionnaires leur cautionnément. Nous étudierons, dans la deuxième section, ce privilége qui repose sur l'idée d'une valeur nouvelle mise dans le patrimoine de l'officier ministériel.

SECTION II.

Priviléges fondés sur l'idée que le créancier a mis l'objet dans le patrimoine du débiteur ou l'y a conservé.

Cette seconde catégorie de priviléges comprend :

I. Le privilége du bailleur d'un bien rural sur les fruits (art. 2102, n° 1, 1er alinéa).

II. Le privilége des créanciers auxquels des sommes sont dues pour semences, pour frais de récolte ou pour ustensiles (art. 2101, n° 2, 4e alinéa).

III. Le privilége des frais faits pour la conservation de la chose (art. 2102, n° 3).

IV. Le privilége du vendeur d'effets mobiliers (art. 2101, n° 4).

V. Le privilége qui appartient en sous-ordre aux bailleurs du fonds servant de cautionnement.

I. Privilége du bailleur d'un bien rural sur les fruits.

L'art. 2101 donne un privilége au bailleur

d'une ferme sur les fruits de la récolte de l'année. Ce privilége est basé sur l'idée que le locateur a mis ces fruits dans le patrimoine du fermier. La loi le considère comme ayant retenu un droit réel de préférence sur la récolte qu'il a ainsi aliénée, ce que Domat exprime en nous disant : « Les fruits ne sont pas tant le « gage qu'ils sont la chose propre du bailleur « jusqu'à son payement » (1).

L'art. 2102 ne parle que des fruits *de la récolte de l'année* ; faut-il en conclure que le bailleur n'a pas de privilége sur les fruits des récoltes des années précédentes, qui existent encore ? Nous ne le pensons pas. Si la loi n'a parlé que des fruits de l'année, c'est que, d'une part, le privilége dont il est ici question n'est pas fondé sur une idée de nantissement, mais sur l'idée que le bailleur a mis ces fruits, cette valeur dans le patrimoine du locataire, ainsi que nous venons de le dire, et que, d'autre part, le législateur n'a pensé qu'au cas qui se présente le plus fréquemment ; les fruits de l'année sont, en effet, ordinairement les seuls qui subsistent encore, ceux des années précédentes ayant été ou vendus ou bien consommés, auxquels cas il ne pouvait donc plus être question de privilége pour le locateur.

____

(1) Domat, Des gages et hyp., liv. iii, tit. 1, sect. 5, n° 12.

De ce que le privilége sur les fruits de la récolte de l'année repose sur l'idée d'objets mis
dans le patrimoine du débiteur, il résulte qu'il
existera sans considérer le lieu où ces fruits se
trouvent engrangés, pourvu qu'ils soient encore en la possession du locataire, et que leur
identité puisse être facilement établie.

Quant aux fruits des récoltes des années précédentes, s'ils existent encore dans les greniers
ou celliers du bailleur, le privilége continue à
les frapper, sinon comme fruits, au moins
comme objets garnissant les lieux loués.

Le bailleur d'un bien rural a-t-il la revendication dont il est question dans le 5e alinéa
de notre art. 2102, tant sur les fruits de l'année que sur ceux des années précédentes ?

Pour que cette question puisse s'élever, il
faut supposer, bien entendu, un déplacement
frauduleux des récoltes, à l'insu du bailleur et
sans nécessité, dans le but unique de les soustraire au privilége, comme dans le cas où on
aurait fait une vente simulée. Mais il est évident qu'il n'y aurait pas lieu à revendication
dans le cas où ces fruits auraient été enlevés
parce qu'ils ont été vendus loyalement, ou bien
parce qu'on les porte au marché pour les offrir
en vente ; car c'est là leur destination, et le
propriétaire, en louant sa ferme, a tacitement
consenti à ces déplacements. C'est là une clause

que la force même des choses fait sous-entendre dans le bail.

Cette observation préliminaire faite, nous résoudrons la question que nous nous sommes posée, en établissant plusieurs hypothèses et plusieurs distinctions.

PREMIÈRE HYPOTHÈSE. — *Fruits des récoltes des années précédentes.*

La revendication sera admise ; car ce sont là des meubles qui garnissaient les greniers, les celliers de la ferme, et qui, à ce titre, rentrent dans le cas prévu par le 5e alinéa de l'art. 2102. Cette revendication est fort importante à exercer, puisqu'elle sert à conserver le privilége : aussi si le locateur laisse passer les quarante jours sans exercer la revendication, il perd son privilége.

DEUXIÈME HYPOTHÈSE. — *Fruits de la récolte de l'année.*

1° La récolte de l'année avait été engrangée dans les bâtiments de la ferme, puis elle en a été enlevée frauduleusement. Le bailleur aura la revendication, car c'étaient là des meubles garnissant la ferme.

2° Les fruits de l'année n'ont pas été engrangés dans les bâtiments de la ferme.

Dans ce cas, il semble que l'on doive refuser la revendication au bailleur, parçe que l'article 2102, dit-on, n'accorde ce droit que relativement aux meubles garnissant la maison louée ou la ferme. Cependant nous n'admettrons pas cette solution , et nous poserons une sous-distinction :

1° Les bâtiments de la ferme étaient suffisants pour contenir la récolte de l'année.

La revendication sera admise. En vain voudrait-on la refuser en prétendant que l'article 2102 ne l'accorde que quand il s'agit de meubles ayant garni les lieux loués, et qu'ici ces fruits n'ont jamais garni la ferme. C'est là une distinction subtile , et nous pensons qu'au fond même des choses , la récolte sur pied garnit tout aussi bien les lieux loués que la récolte engrangée : le propriétaire bailleur possède aussi bien l'une que l'autre. Nous ne saurions admettre que la loi lui refuse, dans notre hypothèse , un droit aussi important, que cependant elle lui accorderait, de l'avis de tout le monde, si les fruits , au lieu d'être voiturés immédiatement ailleurs , avaient séjourné *quelques instants seulement* dans les bâtiments de la ferme.

2° Les bâtiments de la ferme étaient insuffisants pour contenir les récoltes.

Le droit de suite sera refusé au bailleur : car on doit nécessairement présumer, dans ce cas , qu'il a consenti tacitement à ce que la récolte fût engrangée au dehors : il a renoncé tacitement au droit de revendication.

Nous avons déjà dit que le locateur, qui n'exerce pas la revendication dans les quarante jours, lorsqu'il s'agit des récoltes des années précédentes, perd à leur égard tout à la fois et son droit de suite et son droit de préférence.

Quant à la récolté de l'année, soit que la revendication soit refusée au locateur dans certains cas que nous venons de voir, soit que le bailleur ne l'ait pas exercée dans le délai prescrit, lorsqu'elle lui était accordée, il n'en conserve pas moins *son privilége*, parce que ce privilége n'étant pas basé sur une idée de nantissement, mais sur l'idée d'une valeur nouvelle mise dans le patrimoine du débiteur, la perte irrévocable de la possession ne le prive pas de la faveur de la loi.

Le droit de revendication et le privilége du bailleur sont donc deux droits distincts, qui peuvent exister séparément.

Ce que nous venons de dire sur les fruits s'applique également au sous-locataire, s'il y en a un, mais seulement dans la limite des loyers qu'il doit au locataire principal au moment de la saisie, et pourvu qu'il n'ait pas fait de payement par anticipation, sauf le cas d'usage contraire du pays. Le propriétaire pourra saisir-gager les fruits produits par la terre sous-louée (art. 820, C. proc. civ.; art. 162 de la cout. de Paris.)

II. *Privilége des créanciers auxquels des sommes sont dues pour semences, frais de récolte ou pour ustensiles.*

Nous avons à examiner ici le privilége de trois catégories de personnes :

1° Le privilége du vendeur de semences.

2° Le privilége des ouvriers qui ont préparé et recueilli la récolte.

3° Le privilége de ceux qui ont vendu ou réparé les ustensiles.

Ces créances méritaient protection : il est d'utilité publique pour une nation que les terres soient bien cultivées, et dès lors il faut favoriser les personnes qui, par leurs avances et leurs concours, mettent le fermier à même de faire produire au sol toutes ses richesses.

Le privilége du vendeur de semences et celui des ouvriers portent sur le prix des récoltes.

La loi a eu raison d'accorder un privilége particulier au vendeur de semences sur le prix de la récolte; car celui-ci n'eût pas pu invoquer en sa faveur le privilége du vendeur d'effets mobiliers (art. 2102-4°), puisque ce dernier privilége exige que la chose soit encore dans le même état chez l'acheteur. Or ici la chose vendue a changé, les semences se sont transformées en récoltes.

Le Code fait passer le vendeur de semences, ainsi que les ouvriers qui ont fait la récolte, avant le bailleur ; mais elle ne règle pas l'ordre de préférence entre ces deux classes de personnes. Nous pensons qu'il faut mettre au premier rang celles qui ont le plus immédiatement conservé le gage, ainsi nous ferons passer les ouvriers qui ont engrangé la récolte avant les moissonneurs, ces derniers avant celui qui a vendu les semences.

Le privilége du vendeur d'ustensiles porte sur le prix des ustensiles. La doctrine l'étend à celui qui répare les ustensiles, dérogeant ainsi à la règle que les améliorations apportées à un meuble ne sont pas privilégiées. Pour cela, les auteurs s'appuient sur la généralité des termes employés par la loi : *les sommes dues pour ustensiles*, et sur la faveur due à l'agriculture.

Le bailleur est primé par ces créanciers privilégiés, lors même qu'il ignorait que le fermier n'avait pas encore payé le prix d'achat ou de réparation des ustensiles. Au contraire, le bailleur de bonne foi prime le vendeur des autres objets garnissant la maison ou la ferme, meubles meublants, bestiaux. D'où vient cette différence? Car, peut-on dire, les chevaux em-

ployés dans la ferme sont aussi nécessaires,
pour assurer la récolte, que les ustensiles aratoires. C'est que, ordinairement, les meubles
meublants, les animaux que le fermier achète
sont payés comptant par le fermier, parce que
ce sont là des achats qui ont lieu de loin en
loin. Le locateur a donc dû croire, en les voyant
dans sa ferme, que le locataire les avait payés.
Il en est différemment, au contraire, pour les
ustensiles aratoires, et l'usage généralement
répandu est que le fermier ait un compte cou-
rant avec le charron, ou le maréchal qui les
lui fournit ou les lui répare. Dès lors le propriétaire a dû compter sur ces sortes de dettes (1).

III. *Privilége des frais faits pour la conservation de la chose.*

Il suffit d'énoncer l'objet de ce privilége pour
démontrer combien il est équitable. Celui qui a
conservé une chose l'a véritablement mise dans
le patrimoine du débiteur, puisqu'elle en eût
disparu sans son secours. Il a donc fait en même
temps l'affaire commune des autres créanciers
en sauvant leur gage commun : « *Salvam fecit*
« *totius pignoris causam.* » Ceux-ci ne peuvent
donc pas se plaindre s'il passe avant eux, puis-

---

(1) M. Bugnet.

que sans lui ils n'auraient rien du tout. C'est à ce principe que se rattache le privilége des frais de justice.

De la cause même de ce privilége il résulte naturellement qu'il n'a pour objet que la chose conservée, et non pas les autres biens du débiteur. Ce privilége ne reposant pas sur une idée de nantissement, le créancier le conserve quand même il ne posséderait pas la chose, pourvu qu'elle soit restée en la possession du débiteur et qu'elle soit encore reconnaissable.

On s'est demandé si celui qui a *amélioré* la chose jouit du même privilége que celui qui l'a *conservée ?*

Ce point a donné lieu à des controverses assez vives que nous allons examiner. Disons d'abord que tout le monde est d'accord pour reconnaître au créancier qui a conservé la chose, un droit de rétention sur cette chose, s'il en est nanti ; car c'est un principe de notre droit que celui qui a fait des frais pour une chose peut la retenir tant qu'ils ne lui sont pas remboursés.

Pour accorder le privilége du n° 3 de l'article 2102 à celui qui a amélioré la chose, on se fonde sur un argument d'analogie. L'améliorateur, dit-on, a mis dans le patrimoine du débiteur commun une valeur nouvelle, comme celui qui a conservé la chose. Il n'y a qu'une différence du plus au moins entre celui qui a conservé la chose et celui qui l'a améliorée ;

qu'importe la cause de cette augmentation de valeur. Sans cette amélioration, les créanciers ne trouveraient pas cette valeur, cette plus-value dans leur gage ; n'est-il pas dès lors rationnel de l'employer à payer son auteur? Le Code Napoléon nous en fournit lui-même un exemple dans le n° 4 de l'art. 2103, lorsqu'il accorde un privilége à l'architecte et aux ouvriers pour les améliorations qu'ils ont faites à un immeuble (1).

Toute rationnelle que serait une telle faveur accordée à l'amélioration, nous ne pouvons cependant pas l'admettre dans la législation actuelle. Le privilége est une faveur exceptionnelle de la loi, qu'on ne peut étendre par analogie, quelque grande qu'elle soit, en dehors des cas expressément déterminés par elle. Or, le Code dit formellement : « Les créances pri-« vilégiées sur certains meubles sont : 4° les « frais faits *pour la conservation* de la chose. »

Du reste, on peut trouver des raisons plausibles à la différence qu'établit la loi entre les frais d'amélioration et les frais de conservation. Outre que les premiers ne présentent pas un caractère de nécessité aussi grand que les seconds, qui ont empêché la chose de périr, nous ajouterons qu'il est plus facile de déter-

---

(1) Rouen, 18 juin 1825 (Sirey, ann. 1826, II, p. 127).

miner l'étendue des frais de conservation, de l'augmentation introduite par eux dans le patrimoine du débiteur, et par suite du privilége, que l'étendue des frais d'amélioration. En effet, quand il s'agit d'une chose conservée, la valeur qu'a reçue le patrimoine, c'est *toute la chose conservée*. Si, au contraire, il s'agit d'une chose améliorée, il y aura, dans ce cas, une estimation de plus-value à faire, qui peut donner lieu à des procès que la loi a voulu éviter.

Sans doute la loi accorde, en matière d'immeubles, un privilége sur la plus-value résultant des améliorations qui y ont été faites. Mais cet argument est tout en notre faveur; la nature des immeubles est toute différente de celle des meubles, et il est beaucoup plus facile d'apprécier la plus-value d'un immeuble que celle d'un meuble. D'ailleurs, la loi n'accorde de privilége à l'améliorateur que s'il a rempli certaines conditions ; or, a-t-elle prescrit quelque part des formalités analogues qui permettent d'apprécier la plus-value donnée au meuble?

Ainsi, point de privilége pour les frais d'amélioration faits sur des meubles. Le Code n'a dérogé à ce principe que dans le seul cas où il s'agit de réparations faites à des ustensiles (article 2102, n° 1, 4ᵉ alinéa), exception que nous avons déjà constatée précédemment.

IV. *Privilége du vendeur d'effets mobiliers.*

L'art. 2102, n° 4, accorde au vendeur d'effets mobiliers deux droits distincts, que nous allons examiner successivement :

1° Un privilége sur le prix de revente de l'objet ;

2° Un droit de revendication des objets vendus.

§ 1er. — Privilége du vendeur d'effets mobiliers sur le prix de revente de l'objet.

L'idée de ce privilége est toute française (1). En effet, à Rome, le vendeur qui avait livré l'objet en demeurait propriétaire, étant présumé n'avoir pas voulu en consommer l'aliénation tant qu'il n'aurait pas été payé (2), à moins qu'il n'eût suivi la foi de l'acheteur, par exemple, en lui accordant un terme pour le payement, ou en se contentant de recevoir un gage, une caution. Dans le premier cas, la propriété n'ayant pas été transférée, le vendeur pouvait donc revendiquer les objets, tandis que, dans le second, il n'avait, pour se faire payer, qu'une action personnelle, qui n'était

---

(1) Pothier, note 2, sur l'art. 458 de la coutume d'Orléans.
(2) Inst., liv., ii, tit. 1er, de divis. rerum, § 1.

même pas protégée par une hypothèque tacite sur l'objet vendu.

L'ancien droit français accordait un privilége au vendeur sur la chose par lui vendue; les art. 176 (qui reproduit l'art. 194 de l'ancienne coutume) et 177 de la coutume de Paris, sont ainsi conçus :

Art. 176 : « Qui vend aucune chose mobi-
« lière sans jour et sans terme, espérant d'être
« payé promptement, il peut sa chose pour-
« suivre en quelque lieu qu'elle soit transpor-
« tée, pour estre payé du prix qu'il l'a ven-
« due. »

Art. 177 : « Et néanmoins encore qu'il eust
« donné terme, si la chose se trouve saisie sur
« le débiteur par autre créancier, il peut em-
« pêcher la vente; il est préféré, sur la chose,
« aux autres créanciers (1). »

Ainsi, le vendeur avait un privilége, lorsqu'il y avait eu translation de la propriété, et un droit de revendication quand cette translation n'avait pas eu lieu. Quant à la question de savoir dans quels cas il y avait eu translation de propriété, on suivait les règles du droit romain, la tradition ne suffisant pas pour opérer cette translation; c'est-à-dire que, si la vente avait eu lieu sans terme, le vendeur était resté

---

(1) Voy. aussi l'art. 458 de la coutume d'Orléans.

propriétaire, tant qu'il n'avait pas été payé, et dès lors pouvait revendiquer; que si, au contraire, la vente avait eu lieu avec terme, la tradition avait transféré la propriété, et le vendeur n'avait qu'un droit de préférence sans droit de suite sur la chose.

La vente, dans notre législation actuelle, transférant toujours la propriété, qu'il y ait eu ou non tradition, payement ou non du prix, qu'elle ait été faite avec ou sans terme, le Code Napoléon a accordé un privilége au vendeur d'effets mobiliers, dans tous les cas.

L'objet du privilége est la chose vendue. La loi permet au vendeur d'exercer son privilége sur cette chose à la condition qu'elle sera restée en la possession du débiteur. En effet, si elle n'y est plus, le tiers acquéreur invoquera la maxime : *En fait de meubles possession vaut titre*, qui le protégera contre le privilége du vendeur, comme elle le protége contre la revendication du propriétaire, dans le cas où il a acheté *a non domino* une chose mobilière.

Au contraire, le privilége du vendeur pourra être invoqué contre le possesseur actuel dans le cas où ce tiers acquéreur aurait reçu cette chose de mauvaise foi, ou même dans le cas où l'ayant reçue de bonne foi, cette chose aurait été volée à l'acheteur primitif ou perdue par lui.

Si l'acheteur a revendu le meuble qu'il n'a

pas payé, mais n'en a pas encore fait tradition, le privilége du vendeur subsiste, car la chose est encore en la possession du premier acheteur, comme le veut la loi, et, par conséquent, le nouvel acquéreur n'est pas protégé, dans ce cas, par la règle de l'art. 2279 : la possession réelle du meuble peut seule faire disparaître les droits antérieurement acquis à des tiers sur ce meuble (art. 1141).

Si l'acheteur a revendu et livré l'objet, le privilége ne pourra pas s'exercer sur le prix qui serait encore dû; car ce que la loi frappe du privilége, ce sont les meubles vendus et non pas la créance qui est née de leur revente. Or, ces meubles ne sont plus en la possession du débiteur, comme le veut l'art. 2102. Sans doute c'est sur le prix des meubles que devait s'exercer, en définitive, le privilége; mais ici la vente a eu lieu à l'amiable et ne garantit pas suffisamment les intérêts de la masse des créanciers.

Nous pensons que le privilége du vendeur subsiste dans le cas où l'acheteur de l'objet mobilier l'a remis en gage à un tiers. Quelques auteurs ont soutenu l'opinion contraire, parce que, disent-ils, la possession exigée par l'article 2102 pour le maintien du privilége fait défaut dans ce cas.

Nous ne saurions admettre un tel système.

En effet, s'il est vrai que l'acheteur a cessé d'être détenteur de l'objet, il n'est pas exact de dire qu'il a cessé d'en être possesseur. Le créancier gagiste ne possède que le droit de gage ; mais au point de vue de la propriété, il n'est qu'un détenteur précaire vis-à-vis de son débiteur, et ce qui prouve bien que ce dernier continue à posséder, c'est que la prescription s'accomplit pour lui (art. 2236). Seulement, ce créancier gagiste, s'il est de bonne foi, c'est-à-dire s'il a ignoré que le prix de l'objet vendu était encore dû, sera préféré au vendeur, puisque le bailleur, qui n'a qu'un droit de gage moins parfait que le créancier gagiste, primerait cependant le vendeur. Mais ce créancier gagiste désintéressé, le vendeur reprendra l'exercice de son privilége vis-à-vis des autres créanciers.

Enfin, nous pensons que le privilége du vendeur subsiste, malgré les transformations qu'a pu subir l'objet, pourvu qu'il soit reconnaissable, et que l'on ne doit pas appliquer ici, par analogie, une règle que la loi n'a établie qu'en matière de revendication. En effet, ce n'est pas sur tel meuble, considéré comme destiné à tel emploi, que le privilége a été établi, mais sur l'objet envisagé comme valeur pécuniaire, puisque c'est sur son prix que s'exercera finalement le droit du vendeur. Le privilége du vendeur étant fondé sur l'idée d'une valeur mise par lui dans le patrimoine de l'acheteur, n'est-il pas juste, dès lors, que, tant que l'objet pourra être reconnu pour être mis aux enchères, le privilége du vendeur subsiste, et qu'il soit payé par préférence sur cette valeur?

L'art. 2102 accorde le privilége dont nous nous occupons, au vendeur d'effets mobiliers. Ces mots *effets mobiliers* comprennent non-seulement les meubles corporels, mais encore les meubles incorporels, car ils désignent tout ce qui n'est pas immeubles. On accordera donc ce privilége au vendeur d'une créance qui est encore en la possession de l'acheteur, au vendeur d'un fonds de commerce, etc.

En vain a-t-on voulu prouver que la loi n'avait entendu parler que d'objets corporels, et s'est-on appuyé, dans ce but, sur les expressions de *revendication* et de *possession* dont elle se sert. Ces termes peuvent également s'appliquer aux meubles incorporels qui sont susceptibles de revendication et de possession comme les meubles corporels (art. 2228). Car au fond c'est toujours un droit qu'on revendique, qu'on possède.

D'ailleurs le motif est le même pour accorder le privilége au vendeur dans un cas comme dans l'autre, puisqu'il il y a eu une valeur mise dans le patrimoine du débiteur. A quoi servirait de refuser au vendeur l'exercice de son privilége? Les autres créanciers se verraient immédiatement enlever cet objet par l'action en résolution qu'intenterait le vendeur (art. 1184 et 1654), ce qui les priverait du bénéfice que peut leur procurer une vente pour un prix supérieur à celui de l'achat.

Nous accorderons également ce privilége à l'officier ministériel qui l'exercera lorsque son successeur cédera lui-même l'office à un autre. En effet, l'opération qui intervient entre l'officier démissionnaire et son successeur est bien une vente puisqu'elle contient les trois éléments essentiels à ce contrat : le consentement, une chose vendue, un prix déterminé. Il est vrai que dans ce cas la revente par le créancier ne peut pas avoir lieu aux enchères, le prix devant en être déterminé par un règlement fait avec le gouvernement (loi du 28 avril 1816, art. 91). Mais l'intervention du gouvernement dans la fixation du prix offre aux créanciers une garantie suffisante qui remplace celle que présenterait une vente aux enchères publiques.

Nous pensons que, même dans le cas de destitution de l'officier cessionnaire, le cédant aura un privilége qu'il exercera sur la somme que le nouveau titulaire sera forcé de verser, et nous repoussons la distinction subtile de la Cour de cassation qui, dans ce cas, refuse le

privilége, tandis qu'elle l'accorde si le fonc-
tionnaire, *menacé de destitution*, a eu soin de
donner auparavant sa démission (1). N'y a-t-il
pas, en effet, une vente dans les deux cas?
Seulement, en cas de destitution, c'est une vente
forcée faite par le gouvernement pour le compte
du titulaire.

Enfin, l'officier ministériel exercera son privilége sur l'indemnité payée par le gouvernement à son successeur, en cas de suppression
de la charge (loi du 25 juin 1841); car cette
indemnité n'est qu'un rachat.

S'il y a conflit entre le bailleur d'un immeuble et le vendeur d'effets mobiliers pour
l'exercice du privilége sur ces effets, le bailleur sera préféré au vendeur, à moins que celui-ci n'ait su que le locataire n'avait pas payé
ces objets (art. 2102, n° 4, 3° alinéa, art. 2279).
C'est au moment où les objets ont été transportés dans les lieux loués que la bonne foi du
propriétaire doit exister. S'il a ignoré, à ce
moment, le droit du vendeur, il est définitivement nanti du gage et acquiert définitivement
son droit de préférence, comme l'acheteur qui
reçoit de bonne foi la chose d'autrui acquiert
irrévocablement le droit réel de propriété, sans
s'inquiéter si cette bonne foi vient à cesser plus

---

(1) Cour de cassat., 30 août 1854.

tard (1). Le vendeur peut, du reste, éviter facilement le privilége du locateur en lui notifiant son privilége avant de livrer les meubles au locataire.

Souvenons-nous que le vendeur d'ustensiles passe *toujours* avant le locateur de l'immeuble sur leur prix.

Enfin, pour terminer ce qui concerne le privilége du vendeur, nous ajouterons que l'article 550 du Code de commerce décide qu'en cas de faillite de l'acheteur le privilége établi au profit du vendeur d'effets mobiliers ne peut pas être invoqué : « Le privilége et le droit de « revendication établis par le n° 4 de l'article 2102 du Code Napoléon au profit du « vendeur d'effets mobiliers ne seront point « admis en cas de faillite. »

§ 2. —Du droit de revendication accordé au vendeur d'effets mobiliers.

Nous avons déjà dit qu'à Rome, le vendeur non payé était présumé n'avoir pas voulu transférer la propriété à l'acheteur par la tradition de l'objet, et que dès lors, en étant resté lui-même propriétaire, il pouvait le revendiquer. Il en était différemment s'il avait suivi la foi de l'acquéreur, et dans ce cas il n'avait ni

---

(2) M. Vale'., p 151.

revendication ni privilége (§ 41, Inst., *de div.
rer.*; L. 12, Code, *de rei vind.*).

L'ancien droit français suivait les règles du
droit romain pour déterminer dans quels cas
la propriété de l'objet avait ou n'avait pas été
transférée à l'acheteur, donnant au vendeur un
droit de revendication, dans le cas où il n'y
avait pas eu translation de propriété, et un privilége dans le cas contraire.

Ce droit de revendication, que l'on trouve
mentionné dans l'art. 194 de l'ancienne coutume de Paris (art 176 de la nouvelle coutume)
et dans l'art. 458 de la coutume d'Orléans, avait
cela de remarquable *qu'il s'exerçait sans que le
contrat de vente en souffrît la moindre atteinte,*
c'est-à-dire que le vendeur, qui était resté propriétaire et pouvait demander contre tout tiers
détenteur que la chose lui fût rendue, n'en
restait pas moins obligé envers l'acheteur à lui
livrer la chose pour le prix convenu. Seulement, on voulait le protéger en lui donnant le
moyen de recouvrer la possession dont il s'était
imprudemment dessaisi et de la garder jusqu'au payement. C'est ce que nous apprend
Dumoulin dans ses notes sur l'art. 194 de l'ancienne coutume de Paris, où au sujet des mots :
« *Pour estre payé du prix qu'il l'a vendue* », il
dit : « *et pour la recouvrer et en demeurer saisi
« jusqu'à ce qu'il soit payé* » (§ *Venditæ vero*

« *res, etc.*, Inst., *de rer. divis.*) et plus au long
« en mon commentaire. »

Ce commentaire, que fait Dumoulin de
la coutume, nous est confirmé par Brodeau
(Comment. sur l'art. 176 de la nouvelle coutume de Paris), et par Ferrière sur ce même
art. 176.

La coutume accordait cette revendication
contre tout tiers détenteur, même de bonne
foi (excepté le cas où il avait acheté la chose
dans un marché public), pourvu que l'objet
existât encore dans sa forme première. Elle ne
fixait aucun délai pour son exercice. Toutefois
un trop long silence de la part du vendeur aurait fait présumer qu'il suivait la foi de son
débiteur, et par conséquent qu'il avait voulu
lui transférer la propriété par la tradition :
alors il perdait son droit de revendication
contre les tiers (1).

Nous avons insisté sur cette étude historique
du droit de revendication du vendeur d'effets
mobiliers, parce que l'étude attentive des commentateurs de nos anciennes coutumes va nous
aider à résoudre une question qui a soulevé
d'assez nombreuses controverses; nous voulons
parler de la détermination de la nature du

---

(1) Pothier, cout. d'Orléans, art. 458, note 1.

droit de revendication dont il est question dans le n° 4 de l'art. 2102.

Trois systèmes se sont produits à cet égard :

PREMIER SYSTÈME : *Le droit, dont parle notre article, est une revendication proprement dite.*

Cet article a été rédigé sous l'influence du droit romain, dans lequel le vendeur non payé qui a livré, mais qui n'a pas accordé de terme, restant propriétaire, a, par conséquent, la revendication.

« La revendication, dit M. Troplong, auteur
« de ce système, suppose de plein droit qu'il
« n'y a pas eu de vente valable, et que l'alié-
« nation n'a pas été consommée (1). »

Ainsi, dans la pensée du législateur, le vendeur sans terme est demeuré propriétaire, et voilà pourquoi il peut revendiquer.

Nous repoussons ce système qui amène les conséquences les plus graves, qui permet au vendeur, sur un simple retard dans le payement, de faire considérer la vente comme n'ayant jamais eu lieu, et qui n'a, à son appui, d'autre argument que l'emploi du mot *revendication* par le Code.

D'ailleurs, comment accepter la théorie des partisans de ce système en présence de l'article 1583, qui décide que la propriété est

---

(1) M. Troplong, Hyp., I, n° 193, 4ᵉ alinéa.

transmise à l'acheteur, encore que la tradition et le payement n'aient pas eu lieu, et cela sans distinguer si la vente a été faite avec terme ou sans terme ?

Un texte aussi équivoque que l'est le nôtre ne suffit pas pour nous autoriser à croire que le législateur a introduit une exception aussi grave aux règles de la vente, exception qui atteindrait une foule de ventes, surtout quand le Code, dans la matière spéciale des causes de nullité des contrats, n'en a pas parlé.

Le seul emploi du mot *revendication* dans l'art. 2102 ne peut avoir ce résultat. Ce n'est pas d'ailleurs la première fois que la loi se sert de cette expression vis-à-vis d'une personne qui n'est pas propriétaire, puisque nous avons vu que le bailleur peut *revendiquer* les meubles de son locataire qui ont été déplacés des lieux loués sans son consentement.

DEUXIÈME SYSTÈME : *La revendication dont il est question dans l'art. 2102 n'est rien autre chose que l'action en résolution pour défaut du payement du prix* (art. 1184 et 1654).

En effet, d'après les principes de notre législation actuelle, la propriété est transférée à l'acheteur par le seul consentement, quand même il n'aurait été accompagné ni du payement du prix, ni de la tradition, que la vente ait eu lieu avec ou sans terme (art. 1583 et

1185). Si le vendeur qui a cessé d'être propriétaire peut revendiquer, c'est que la loi, en lui accordant ce droit, suppose que la vente a été préalablement résolue par le tribunal, qui ensuite le réintègre dans la propriété qu'il avait perdue en opérant la vente.

Les partisans de ce système cherchent ensuite à écarter deux objections qu'on peut leur faire :

Premi > objection. —Comment se fait-il que l'art. 2102, n° 4, n'accorde cette revendication et, par conséquent, ce droit de résolution que dans le cas où la vente a été faite sans terme, tandis que les art. 1184 et 1654 l'accordent même dans le cas d'une vente faite avec terme ?

Deuxième objection. — Comment se fait-il que l'art. 2102 ne donne que huit jours pour exercer ce droit, tandis que les art. 1184 et 1654 accordent les délais du droit commun ?

On répond à ces objections en faisant une distinction. La loi, dit-on, a créé deux actions en résolution, l'une applicable au cas où le conflit s'élève entre les parties seulement, entre le vendeur et l'acheteur, l'autre applicable dans le cas où ce conflit s'élève entre le vendeur et les créanciers de l'acheteur. Dans le premier cas, l'action en résolution est réglée par les art. 1184 et 1654, c'est-à-dire qu'elle a lieu dans les ventes à terme ou sans terme, et cela non-seulement pendant huit jours à compter de la délivrance, mais encore pendant trente ans à compter de la vente. Dans le second cas, au contraire, l'action en résolution est réglée par le n° 4 de l'art. 2102, c'est-à-dire qu'elle ne peut avoir lieu que si la vente a été faite sans terme, et qu'elle devra être exercée au plus tard dans la huitaine de sa délivrance. La loi a été plus sévère dans cette dernière hypothèse, parce qu'elle a dû protéger les créanciers de l'acheteur, qui ont compté que la chose vendue entrerait dans leur gage commun, en la voyant entre les mains de leur débiteur, et lui ont fait, par conséquent, un crédit plus grand.

Ce système est inadmissible, car, d'une part, les art. 1184 et 1654 posent un principe général ; leurs termes sont généraux, et ils admettent le droit de demander la résolution de la vente, qu'elle soit faite avec terme ou sans terme, que le conflit ait lieu entre les parties seulement ou avec des tiers. Comment croire dès lors qu'une exception si importante ait été mise à la règle générale dans un article du Code étranger à cette question ? Comment admettre que l'article 2102, dont le but évident est d'assurer l'exécution du contrat, en garantissant au vendeur son payement au moyen d'un privilége, aille directement contre ce but, dans l'alinéa suivant, en donnant au vendeur une action en revendication qui ne serait précisément qu'une action en résolution du contrat?

Les considérations elles-mêmes que les partisans de ce système invoquent, pour le motiver en législation, sont erronées ; car, d'une part, si le Code a eu pour but de protéger les créanciers de l'acheteur contre le vendeur, parce qu'ils ont dû légitimement compter sur cette chose, pourquoi n'a-t-il pas restreint l'exercice du privilége accordé au vendeur, comme il a restreint son action en revendication, d'autant plus que, dans certains cas, ceux où la chose a été vendue au-dessus de sa valeur, les créanciers seraient cependant atteints moins gravement par l'action en résolution que par le privilége? En effet, dans ces cas, le vendeur que le prix de la revente de l'objet n'a pas désintéressé complétement, viendra, pour le restant de sa créance, concourir avec les créanciers de l'acheteur sur ses autres biens, puisque la vente qu'il a faite a été maintenue, tandis que, s'il avait exercé l'action en résolution, la vente étant réputée n'avoir jamais eu lieu, ce concours ne se présenterait pas; car la dette résultant de la vente est éteinte dans ce cas, sauf ce qui est dit en l'art. 1184 pour les dommages-intérêts.

Il n'est pas croyable non plus que les articles 1184 et 1654 n'aient en vue que l'hypothèse d'un conflit entre les parties, entre le vendeur et l'acheteur seulement ; car, dans quel cas le vendeur a-t-il intérêt à exercer l'action en résolution, si ce n'est dans le cas, presque exclusif, où l'acheteur est insolvable, et où, par conséquent, le vendeur craint de se trouver en présence des autres créanciers de son débiteur.

TROISIÈME SYSTÈME : *Nous pensons que le droit dont nous nous occupons est une revendication sui generis, non pas une revendication de la propriété, ni une résolution du contrat, mais une revendication du droit de rétention, revendication qui laisse subsister la vente.*

Quand une personne vend un meuble à une autre *sans terme*, c'est qu'elle a entendu être payée comptant. Elle a donc le droit de retenir cette chose tant qu'elle n'est pas payée (article 1612). Imprudemment elle a laissé l'acheteur emporter l'objet, espérant être payée bientôt, dans la journée peut-être, comme cela arrive très-souvent, et comme c'est même nécessaire pour ne pas trop entraver les transactions commerciales. Le temps se passant sans que le payement attendu soit effectué, le vendeur inquiet demande à rentrer en possession de la chose ; il revendique son droit de réten-

tion qu'il n'avait abandonné que sous la condition d'un payement prompt. C'est là le droit que
la loi lui accorde dans le n° 4 de l'art. 2102.

Le sens que nous donnons ici au mot *revendication* n'a rien d'étonnant, puisque la loi a
déjà donné une action, sous ce nom, au bailleur, qui n'est pas propriétaire non plus. Le
droit romain lui-même nous fournit l'exemple
de l'emploi des expressions *pignoris vindicatio*
pour exprimer l'action intentée par le créancier pour rentrer en possession de la chose engagée. Ainsi la vente subsistera malgré cette
revendication, et le vendeur ne perdra pas le
bénéfice de l'opération heureuse qu'il a pu
faire.

Le système a pour lui l'autorité de l'ancien
droit, où nous avons vu les commentateurs sur
la coutume 176 de Paris, dire : « que le ven-
« deur peut poursuivre la chose pour la recou-
« vrer et en demeurer saisi jusqu'à ce qu'il soit
« payé. »

Enfin, ce système est le seul qui nous explique, d'une manière satisfaisante, les conditions que le Code impose au vendeur pour qu'il
puisse exercer cette revendication. Ces conditions sont au nombre de quatre :

1° Il faut que la vente ait été faite sans terme,
car le vendeur qui accorde un terme renonce
tacitement au droit de rétention (art. 1612) et,

par conséquent, ne peut prétendre recouvrer la possession de l'objet.

2° Il faut que le vendeur exerce son action dans le délai de huitaine, parce qu'un silence plus long de sa part indique, comme l'existence d'un terme, qu'il a renoncé au droit de rétention.

3° Il faut que les choses soient dans le même état ; sans cela on ne pourrait pas replacer le vendeur dans sa position primitive ; il faut, d'ailleurs, éviter les contestations qui pourraient s'élever sur l'identité des objets. Il faut, du reste, pour empêcher la revendication, que les transformations soient notables ; ainsi, le déballage de l'objet ne serait pas un obstacle à la revendication.

4° Enfin, il faut que la chose soit encore en la possession de l'acheteur ; c'est là une application des principes de l'art. 2279.

On s'est demandé si cette revendication pouvait s'exercer contre le bailleur de l'immeuble qui était de bonne foi, c'est-à-dire qui ignorait la créance du vendeur.

On a soutenu l'affirmative en disant que le 4° de l'art. 2102, troisième alinéa, ne parlant que du *privilége* du vendeur, c'est donc seulement au point de vue du privilége que le locateur de bonne foi est préféré au vendeur, et dès lors la *revendication* doit réussir contre le bail-

leur, si elle est exercée dans la huitaine. D'ailleurs, il n'y a pas grand inconvénient pour
celui-ci, qui sera averti promptement qu'il ne
doit pas compter sur ces objets, le délai pour
la revendication étant fort court. Enfin on
s'appuie sur l'autorité de Pothier qui décide
d'une manière générale que le bailleur de l'immeuble ne peut mettre obstacle à la revendication du vendeur (1).

Nous pensons, au contraire, que la revendication n'est pas plus possible que l'exercice
du privilége contre le bailleur de bonne foi.

L'autorité de Pothier est vainement invoquée
ici ; nous savons, en effet, que l'ancien droit
accordait au vendeur sans terme la revendication même contre les tiers acquéreurs de bonne
foi (art. 458 de la coutume d'Orléans) ; il était
donc conséquent de l'accorder aussi contre le
bailleur de bonne foi. Mais aujourd'hui, grâce
à la maxime : *En fait de meubles, possession vaut
titre*, le Code refuse formellement cette revendication quand la chose vendue n'est plus en
la possession de l'acheteur, et, par conséquent,
lorsqu'elle est possédée par le bailleur en vertu
de son droit de gage tacite. Le locateur de
bonne foi pourrait opposer la maxime de l'article 2279 à la personne qui aurait simplement

____

(1) Pothier, Louage, n° 264.

déposé ces objets chez son locataire ; *a fortiori* doit-il pouvoir l'opposer au vendeur.

Si le Code, dans l'alinéa que nous examinons, ne s'est servi que du mot PRIVILÉGE, c'est que cette expression embrassait, dans sa pensée, toutes les garanties accordées au vendeur, la revendication étant mentionnée parmi les priviléges, auxquels elle se rattache intimement (1).

Si le vendeur a laissé passer le délai de huitaine sans agir, il peut encore sauvegarder ses intérêts, soit en demandant la résolution du contrat, soit en maintenant ce contrat et en invoquant son *privilége* de vendeur.

Enfin l'art. 2102–4° nous dit qu'il n'est rien innové aux lois et usages du commerce sur la revendication.

Le Code de commerce pose une distinction entre le vendeur d'*effets mobiliers* et le vendeur de *marchandises.*

Le vendeur d'effets mobiliers n'a jamais ni privilége, ni revendication sur les objets par lui vendus, quand l'acheteur est tombé en faillite. Le vendeur de marchandises n'a pas de privilége non plus, mais il peut, dans certains cas, revendiquer ces marchandises. S'il ne les a pas encore expédiées, et qu'il apprenne la faillite de l'acheteur, il peut les retenir. Il peut même,

___

(1) M. Valette, p. 153.

si elles sont sorties de ses magasins, les *reven-diquer*, pourvu que la tradition n'en ait pas encore été effectuée dans les magasins du failli, ou dans ceux du commissionnaire chargé de les vendre pour le compte du failli (art. 576, Code de com.). Toutefois cette revendication n'est pas possible, si, avant leur arrivée, ces marchandises ont été vendues, sans fraude, sur factures et connaissements, ou lettres de voiture signées de l'expéditeur.

Le vendeur, dans le cas où la revendication des marchandises lui est accordée, peut l'exercer quel que soit le temps écoulé depuis leur départ, que la vente ait été faite avec terme ou sans terme, le Code de commerce ne reproduisant pas les distinctions du Code Napoléon à cet égard.

Remarquons que la revendication opère ici, à la différence de ce qui se passe dans le n° 4 de l'art. 2102, la résolution de la vente. Mais les syndics de la faillite peuvent, sous l'autorisation du juge-commissaire, exiger les marchandises en payant le vendeur (art. 578, Code de com.). S'ils ne l'exigent pas, le vendeur garde ses marchandises, mais il doit rendre la masse de la faillite complétement indemne de tous ses déboursés à l'occasion de ces choses (art. 576, 2e alinéa).

Nous pensons que le vendeur n'a pas non plus

l'action résolutoire de l'article 1654 ; car l'article 550 du Code de commerce, en lui enlevant le privilége et la revendication, lui retire *a fortiori* et par les mêmes motifs le droit de demander la résolution de la vente ; sans cela les tiers ne seraient pas protégés comme l'a voulu la loi. Son but, en effet, a été de favoriser le crédit commercial, en protégeant la confiance des créanciers, qui ont pu compter que les meubles et marchandises qu'ils voyaient chez le commerçant, tombé depuis en faillite, serviraient de garantie à leur créance.

V. *Privilége qui appartient en sous ordre aux bailleurs de fonds servant de cautionnement.*

La loi du 25 nivôse an XIII accorde un privilége, sur le cautionnement des fonctionnaires, à la personne qui leur a prêté des fonds pour former ce cautionnement, faveur que l'on qualifie de privilége de second ordre, parce qu'il est primé par le privilége accordé aux créances ayant pour cause des faits de charge.

Outre la loi du 25 nivôse an XIII, les décrets du 28 août 1808 et du 22 décembre 1812 réglementent cette matière et indiquent les formalités à remplir pour la conservation de ce privilége.

APPENDICES.

Quoique le but de cette thèse soit de traiter seulement ce qui concerne les priviléges énumérés dans les art. 2101 et 2102 du Code Napoléon, cependant, afin de présenter un ensemble complet des priviléges sur les meubles, nous allons énumérer et examiner succinctement ce qui concerne quelques priviléges établis, soit par des lois particulières, soit par le Code de commerce.

PREMIER APPENDICE.

Priviléges établis sur les meubles par des lois particulières.

Ces priviléges portent ou sur tous les meubles ou sur certains meubles seulement.

I. *Priviléges créés sur tous les meubles par des lois particulières.*

Nous suivrons l'ordre chronologique.

1° *Privilége des douanes.* — Aux termes de la loi des 6-22 août 1791, art. 22, ce privilége serait primé par les frais de justice et autres privilégiés, et par la créance du bailleur *pour six mois de loyer seulement.* Nous pensons

14

avec M. Valette (1) que la régie des douanes ne passe aujourd'hui qu'après tous les priviléges de l'art. 2101, et après les loyers *même de plus de six mois*. L'art. 662 du Code de procédure civile a en effet modifié la loi de 1791 ; car, d'après cet article, le propriétaire prime *pour tous ses loyers* les créanciers de l'art. 2101. Or, si la régie est, à son tour primée par ces créanciers, elle doit l'être *a fortiori* par celui qui leur est préférable, c'est-à-dire par le propriétaire pour tout ce que le locataire lui doit.

2° *Privilége de la régie des contributions indirectes.* — Ce privilége, réglé par la loi du 1er germinal an XIII, art. 47, est plus avantageux que le précédent; il s'étend sur les meubles et effets mobiliers des comptables pour leurs débets, et sur ceux des redevables pour les droits par eux dus, et prime toutes les créances privilégiées, à l'exception des frais de justice et des loyers. L'art. 47 n'accorde, il est vrai, ce droit de préférence au bailleur que pour six mois de loyers. Mais nous pensons que l'art. 662 du Code de procédure civile a modifié la loi de germinal comme il a modifié la loi de 1791, et que la régie ne pourra jamais passer avant le bailleur (2).

---

(1) Cours de l'année 1855.

(2) M. Valette, Cours de l'année 1855. — Cour de cass., rejet, 17 février 1833 (Sirey, ann. 1833, 1, p. 289).

3° *Privilége pour les frais de justice crimi-nelle.* — Ce privilége, qui porte sur tous les meubles du condamné, ne s'exerce qu'après les priviléges des art. 2101 et 2102 du Code Napoléon (loi du 5 septembre 1807, art. 2).

Puis l'article ajoute que ce privilége laisse également passer avant lui les sommes dues pour la défense personnelle du condamné. Cette disposition est remarquable, puisqu'on ne trouve aucun texte de loi qui accorde le privilége à ce sujet. Aussi, en l'absence d'un texte de loi qui établisse expressément ce privilége , M. Valette (1) voit-il simplement ici *une cession* que fait de son rang le Trésor public au défenseur, jusqu'à concurrence de ce qui lui est dû. Ainsi prenons une hypothèse :

La créance du Trésor est de 1,000 ;

La créance du défenseur est de 200.

Le Trésor public, colloqué à son rang pour 1,000, en cédera 200 au défenseur, et ne prendra pour lui-même à ce rang, que 800, afin de ne pas nuire aux autres créanciers , en l'absence d'une loi qui l'y autorise formellement.

4° *Privilége du Trésor sur les meubles des comptables.* — Une autre loi, également du 5 septembre 1807 , établit dans son art. 2 un privilége au profit du Trésor sur les meubles

---

(1) Cours de l'année 1855.

de ces comptables. Ce privilége ne passe qu'après ceux des art. 2101 et 2102 du Code Napoléon.

Ce privilége a été étendu au Trésor de la couronne par un avis du conseil d'État du 25 février 1808.

5° *Privilége pour certaines contributions directes.* — La loi du 12 novembre 1808, art. 1er, numéro 2, établit un privilége *sur tous les meubles des redevables* pour l'année échue et l'année courante des contributions mobilières (1), des portes et fenêtres, des patentes et de toute autre contribution directe et personnelle.

Ce privilége s'exerce avant tout autre, même avant le privilége du propriétaire pour les loyers.

6° *Privilége pour droits et amendes en matière de timbre.* — La loi du 18 avril 1816, première partie, art. 76, a étendu le privilége précédent à ces sortes d'amendes.

II. *Priviléges créés sur certains meubles par des lois particulières.*

Dans cette classe nous trouvons :
1° *Privilége pour la contribution foncière.*

---

(1) Pour l'année échue et l'année courante de la contribution *foncière*, le privilége du Trésor ne porte que sur les récoltes, fruits et loyers des immeubles soumis à cette contribution.

— La loi du 12 novembre 1808, art. 1er, établit au profit du Trésor public un privilége *sur les fruits de l'immeuble* pour la contribution foncière de l'année échue et de l'année courante (1).

Ce privilége s'exerce avant tout autre. On explique cette faveur en disant que cet impôt, étant le prix de la protection accordée par l'État à la propriété, ce privilége rentre dès lors dans la catégorie des frais faits pour la conservation de la chose.

2° *Privilége sur les cautionnements.* — La loi du 5 septembre 1807, art. 3, a établi un privilége au profit du Trésor public sur le cautionnement des comptables.

3° *Privilége sur le cautionnement des prévenus.* — Le privilége sur le cautionnement du prévenu qui a obtenu sa liberté sous caution (art 121, Code d'instruction criminelle) a lieu 1° pour le payement des réparations civiles et des frais avancés par la partie civile ; 2° pour les amendes ; le tout sans préjudice du privilége du Trésor pour les frais faits par la partie publique.

4° *Privilége créé par la loi du 26 pluviôse*

---

(1) La loi du 11 brumaire an VII, art. 11, n° 2, accordait au Trésor un privilége sur *les immeubles mêmes* des contribuables pour le recouvrement de la contribution foncière.

an II, au profit des ouvriers et fournisseurs de matériaux sur les créances que les entrepreneurs d'ouvrages ont contre l'État.

5° *Le privilége créé par le décret du 12 décembre 1806*, au profit des sous-traitants, préposés ou agents d'une entreprise relative au service de la guerre, sur les sommes à payer aux entrepreneurs.

6° *Les priviléges établis par les décrets des 6 et 27 février 1811, 15 mai 1813, art. 4*, au profit de la ville de Paris, sur le cautionnement des bouchers pour les prêts qui leur sont faits par la caisse de Poissy. Ce privilége s'étend sur la valeur estimative des étaux vendus à des tiers, ou supprimés et rachetés par le commerce de la boucherie, et sur ce qui peut être dû aux emprunteurs pour viande fournie, ou pour peaux et suifs vendus par eux.

DEUXIÈME APPENDICE.

PRIVILÉGES COMMERCIAUX.

Nous les diviserons en trois catégories : 1° priviléges qui se rattachent à une idée de nantissement ; 2° priviléges qui se rattachent à une idée de mise ou de conservation de la chose dans le patrimoine du débiteur ; 3° priviléges

qui se rattachent à des considérations particulières.

§ 1er. — Priviléges commerciaux se rattachant à une idée
de nantissement.

Cette classe comprend :

1° Le privilége du commissionnaire (art. 93, Code de comm.);

2° Le privilége du capitaine (art. 280, 307 et 308).

1° *Privilége du commissionnaire.* — L'art. 93 du Code de commerce accorde au commission-naire qui a fait des avances sur des marchan-dises à lui expédiées d'une autre place, pour être vendues pour le compte d'un commettant, un privilége pour le remboursement de ces avances, intérêts et frais, sur la valeur de ces marchandises, à la condition : 1° que ces mar-chandises lui aient été expédiées d'une autre place ; 2° qu'elles soient à sa disposition, dans ses magasins ou dans un dépôt public, ou, si elles ne sont pas encore arrivées, qu'il puisse constater, par un connaissement ou par une lettre de voiture, l'expédition qui lui en a été faite.

Ce privilége repose sur une idée de nantis-sement, et l'on voit, d'après l'art. 93, que dès que les marchandises sont régulièrement expédiées à leur destination, le commettant est considéré comme dessaisi, et que le voiturier les détient pour le compte du commissionnaire.

Le Code de commerce déroge ici au droit commun en n'exigeant pas l'accomplissement des formalités requises pour la constitution du gage, parce qu'il a voulu favoriser les transactions commerciales en encourageant les expéditions de marchandises d'une place à une autre. On conçoit, en présence de la célérité qu'exigent les affaires, combien ces expéditions auraient subi de difficultés et d'entraves, si le commissionnaire n'avait pu acquérir facilement un privilége; car alors il eût toujours exigé du commettant l'avance des frais. Mais grâce à son privilége, le commissionnaire les fera et en sera remboursé sur le prix que produira la vente des marchandises expédiées.

Il résulte de ce que nous venons de dire qu'on ne trouve plus les mêmes motifs d'utilité commerciale quand les marchandises, au lieu d'être expédiées d'une place de commerce à une autre, sont seulement transportées dans l'intérieur de la même place. Dans ce cas, aux termes de l'art. 95, on rentre dans les règles du droit commun sur la constitution du gage. Conformément à l'opinion presque générale des auteurs et de la jurisprudence (1), nous pensons qu'il ne faut pas prendre à la lettre l'art. 95, et en suivre les règles dans le cas où le commissionnaire et le commettant résidant tous deux dans la même place, les marchandises ont cependant été expédiées d'une autre place par le commettant; car les motifs de la loi, que nous avons exposés précédemment, disent assez que c'est l'art. 93 qu'il faut suivre dans ce cas. Nous pensons qu'à l'inverse, on appliquera l'art. 95 dans le cas où l'expédition a eu lieu dans l'intérieur de la même place, encore que le commettant et le commissionnaire ne résident pas tous deux dans le même lieu.

C'est une question de fait laissée à l'appréciation des juges, que celle de déterminer dans quels cas il y a eu expédition d'une place à une autre place.

2° *Privilége du capitaine.* — Le capitaine a un privilége pour son fret sur les objets transportés par lui (art. 280, 307 et 308 du Code de commerce).

C'est là un privilége analogue à celui du voiturier (art. 2102, n° 6, Code Nap.), et qui repose sur une idée de nantissement. Toutefois ici, comme la loi ne permet pas au capitaine

---

(1) Rouen, 9 décembre 1847.

de conserver à bord les marchandises jusqu'à ce que le prix du transport lui soit payé, elle a décidé que la dépossession de ces objets n'éteindrait pas le privilége, et qu'il subsisterait pendant quinzaine après la délivrance, si elles n'ont pas passé en mains tierces (art. 307).

Le droit maritime en présente de nombreux exemples dans l'examen desquels nous n'entrerons pas. C'est dans cette catégorie que doivent être rangés :

1° Les priviléges énumérés dans les neuf premiers numéros de l'art. 191 ;

2° Le privilége des matelots sur le fret pour le payement de leurs loyers (art. 271); car c'est par suite de leur travail que le fret a été produit ;

3° Le privilége établi par l'art. 428, en cas de jet, au profit du capitaine et de l'équipage, sur les marchandises sauvées ou sur le prix qui en provient, pour le montant de la contribution.

Nous citerons à cet égard :
1° Le privilége du n° 10 de l'art. 191, établi

au profit de l'assurance sur l'armement et l'équipement du navire, pour le montant des primes d'assurances faites sur ces objets et dues pour le dernier voyage. Ce privilége a été donné à l'assureur parce qu'il a procuré la conservation, non pas de la chose elle-même, mais de la valeur de cette chose, dans le cas où elle périt.

2° Le privilége du n° 11 de l'art. 191, au profit des affréteurs, pour leur garantir le payement des dommages-intérêts qui leur sont dus pour défaut de délivrance des marchandises qu'ils ont chargées, ou pour le remboursement des avaries souffertes par lesdites marchandises par suite de la faute du capitaine ou de l'équipage.

3° Nous avons déjà parlé précédemment (sur le n° 4 de l'art. 2101 du Code Nap.) du privilége établi par l'art. 549 du Code de commerce au profit des commis et des ouvriers. Nous ne reviendrons pas sur ce sujet.

CHAPITRE III.

DU CLASSEMENT DES PRIVILÉGES
SUR LES MEUBLES.

Il peut arriver que plusieurs créanciers privilégiés se présentent en même temps pour faire valoir leurs droits sur les mêmes choses, et alors naît pour eux la question si intéressante au point de vue de leurs intérêts, quand le passif de leur débiteur commun est considérable, de savoir quels sont ceux d'entre eux qui passeront les premiers, comme étant les plus privilégiés.

Une bonne législation sur les priviléges devrait donc remplir une double tâche :

1° Déterminer limitativement quels sont les priviléges ;

2° Déterminer le rang dans lequel ils s'exercent.

Le Code Napoléon a rempli le premier de ces deux devoirs. Quant au second, il n'a donné qu'un classement imparfait des priviléges. A la différence de l'ancien droit français, qui présente une grande obscurité sur le classement des priviléges, le Code a indiqué le rang des priviléges généraux sur les meubles entre eux ; mais il n'en est pas de même, sauf quelques exceptions, en ce qui concerne les priviléges spéciaux.

Enfin, il a omis de déterminer la priorité respective des priviléges généraux et des priviléges spéciaux entre eux.

De là des difficultés nombreuses sur ces questions, et la divergence d'opinions des auteurs qui adoptent des systèmes différents, selon le point de vue auquel ils se placent.

Nous allons rechercher comment on doit combler les lacunes de la loi, et classer les priviléges créés par le Code Napoléon.

ARTICLE Ier.

Classement des priviléges généraux sur les meubles.

Le rang de ces priviléges est réglé par la loi elle-même, dans l'art. 2101, de la manière suivante :

1° Frais de justice ;

2° Frais funéraires ;

3° Frais de la dernière maladie ;

4° Salaire des gens de service ;

5° Fourniture de subsistances.

La loi fait passer les frais de justice avant tous les autres, parce que ce sont là des dépenses qui ont profité à tous les créanciers, et que chacun d'eux eût été obligé de les faire.

ARTICLE II.

Classement des priviléges spéciaux.

Nous allons commencer par examiner ceux de ces priviléges que le Code a classés, afin de nous appuyer sur les motifs qui ont guidé le législateurs dans ce classement partiel, pour donner un rang à ceux dont ils ne nous ont pas indiqué l'ordre.

1° *Conflit entre le bailleur de l'immeuble et le vendeur de semences, ou les ouvriers qui ont travaillé à la récolte.* — Dans ce conflit, qui se présente sur le prix de la récolte, le Code accorde la préférence au vendeur de semences, et aux ouvriers qui ont travaillé à la récolte , parce que, s'il est vrai que, d'un côté, on doive considérer le bailleur comme un vendeur de fruits, d'autre part le bailleur n'aurait rien eu sur quoi il pût exercer son privilége, sans le vendeur de semences, sans les moissonneurs et autres ouvriers qui, en définitive, ont fait son affaire.

2° *Conflit entre le bailleur et le créancier pour ustensiles.* — C'est ce dernier qui est préféré sur le prix des ustensiles, sans rechercher si le locateur a su ou non que ces ustensiles n'étaient pas payés. C'est là une dérogation à la règle de l'art. 2279, dérogation motivée sur la faveur tout exceptionnelle que la loi accorde à l'agriculture.

Mais en outre la loi a considéré que le bailleur ne pouvait pas se plaindre de cette préférence, parce que ces ustensiles étaient nécessaires pour la production de la récolte qui lui sert de gage.

3° *Conflit entre le bailleur de l'immeuble et le vendeur de meubles non payé.* — La loi préfère le bailleur, s'il ignore que le prix des meubles est encore dû. C'est là une application de la maxime : *En fait de meubles, possession vaut titre.* Évidemment, si cette maxime n'existait pas, le vendeur eût été préféré au locateur ; son droit d'être payé sur le prix de ces meubles n'est-il pas né, en effet, avant le droit du bailleur, et n'a-t-il pas retenu en sa faveur un droit de préférence au moment où il a mis ces objets dans le patrimoine de l'acheteur, celui-ci n'ayant pu dès lors donner cette chose en gage au bailleur que grevée de ce droit de préférence ? Mais de même qu'en vertu de la règle de l'art. 2269, le possesseur d'un meuble peut opposer sa possession de bonne foi au propriétaire de ce meuble, de même ici le locateur, qui possède à titre de créancier gagiste, peut *a fortiori* opposer sa possession au vendeur qui n'est plus propriétaire, mais qui a seulement un privilége ainsi que nous l'avons déjà fait voir précédemment.

Tels sont les conflits que le Code a prévus ; voyons à réglementer ceux qui peuvent se présenter encore, d'après l'esprit qui paraît avoir dirigé le législateur dans ceux que nous venons de parcourir.

En étudiant les priviléges spéciaux, nous

avons vu qu'on pouvait les baser sur deux idées fondamentales, qui nous ont servi à diviser notre matière. Les uns se rattachent à une idée de nantissement exprès ou tacite, les autres à une idée de mise ou de conservation de l'objet, affecté du privilége, dans le patrimoine du débiteur ; de là il résulte que trois sortes de conflits peuvent s'élever :

1.° Conflit entre deux créanciers gagistes.

2° Conflit entre deux créanciers ayant chacun conservé une valeur ou l'ayant mise dans le patrimoine du débiteur.

3° Conflit entre un créancier gagiste et un créancier qui a mis la chose dans le patrimoine du débiteur ou l'y a conservée.

§ 1er. — Conflits entre plusieurs priviléges, tous fondés sur une idée de nantissement.

Ce conflit paraît difficile à rencontrer, puisque la condition expresse pour l'exercer étant la possession du gage, il semble que c'est le droit du dernier nanti qui subsiste seul. Cependant il peut se rencontrer dans plusieurs cas :

1° Tous les créanciers sont nantis de la chose, parce qu'elle a été remise à un tiers qui la possède en leur nom à tous. Le plus ancien, c'est-à-dire celui qui a été nanti le premier, sera préféré, parce que le privilége des créanciers postérieurs n'a pu nuire à celui qui était déjà précédemment établi, et qu'il n'a pu dès lors frapper la chose que déduction faite du droit antérieur acquis au premier créancier gagiste, et ainsi des autres.

2° Le premier créancier gagiste a cessé d'être nanti du gage par suite de perte ou de vol, et ces objets sont actuellement entre les mains d'un second créancier gagiste. — Le premier créancier sera préféré et le second créancier ne pourra pas lui opposer la maxime de l'article 2279. Mais il en serait différemment, et aucun conflit ne s'élèverait, soit dans le cas où ce premier créancier gagiste se serait dessaisi volontairement de l'objet, soit dans le cas où, ne s'en étant pas dessaisi volontairement, il aurait laissé passer le délai pour le revendiquer sans rompre le silence. Alors il aurait perdu et son droit de gage et son privilége.

Enfin remarquons que le Code nous montre bien, dans l'art. 2102, en accordant la revendication au bailleur, qu'entre deux créanciers gagistes successivement nantis, elle préfère le plus ancien.

§ 2. — Conflit entre deux créanciers ayant mis ou conservé une valeur dans le patrimoine du débiteur.

Ce conflit peut s'élever :

1° *Entre deux conservateurs de la chose.* —

Nous préférerons celui qui l'a conservée en dernier lieu, car il a sauvé le gage de tous les précédents créanciers. L'art. 323 du Code de commerce fournit une application de cette règle en matière de prêts à la grosse : « Le dernier « emprunt, dit-il, sera toujours préféré à celui « qui l'a précédé. »

2° *Entre le vendeur et le conservateur de la même chose.* — Ce sera le conservateur qui devra être préféré, parce que sans lui le gage du vendeur n'existerait pas et que, par conséquent, il n'aurait plus de privilége ; il a travaillé dans son intérêt. Le Code Nap. nous donne une application de cette règle en préférant les ouvriers qui ont travaillé à faire la récolte au bailleur de l'immeuble, qui est une sorte de vendeur des fruits de cette récolte (art 2102-1°, 4° alinéa).

3° *Entre plusieurs vendeurs successifs de la même chose, qui tous ont conservé leur privilége.* — Le premier vendeur sera préféré au second, le second au troisième, et ainsi de suite, parce que chaque vendeur, en aliénant la chose, a retenu sur elle un droit réel pour la garantie de sa créance, et que, dès lors, le second vendeur n'a pu retenir sur cette chose qu'un droit réel, déduction faite de celui qui avait été retenu par le premier vendeur. C'est là une décision analogue à celle que donne le

Code Nap. dans le n° 1 de l'art 2103, pour régler l'ordre entre plusieurs vendeurs successifs du même immeuble.

§ 3. — Conflit entre un créancier dont le privilége est fondé sur une idée de nantissement exprès ou tacite, et un créancier dont le privilége repose sur l'idée de la mise ou de la conservation de l'objet dans le patrimoine du débiteur.

Les exemples de classement partiel des priviléges spéciaux, que nous trouvons dans l'article 2102 vont nous servir ici à réglementer ce conflit.

En effet, en cas de conflit entre le bailleur et le vendeur d'effets mobiliers, la loi donne la préférence au bailleur, parce qu'il est nanti et peut invoquer la maxime de l'art. 2279, De là nous concluons que :

1° *S'il y a conflit entre un créancier gagiste et un vendeur*, par analogie du n° 1 de l'article 2102, le vendeur sera primé par le créancier nanti, toutes les fois que celui-ci aura été de bonne foi, c'est-à-dire qu'il aura ignoré le droit du vendeur. Il semble cependant que, dans ce cas, le vendeur devrait avoir la préférence puisqu'il est né avant celui du gagiste. Mais la maxime : *En fait de meubles.....* empêche qu'il n'en soit ainsi dans le cas où le créancier nanti est de bonne foi. Car cette maxime, qui l'emporte sur la propriété, le plus absolu de tous les droits, doit *a fortiori* l'emporter sur le droit moins étendu d'un créancier privilégié.

La règle que nous venons d'établir sur ce conflit reçoit une double exception.

1° Si l'objet du gage est un meuble incorporel ; car la règle de l'art. 2279 ne s'appliquant pas dans ce cas, le vendeur d'une créance, par exemple, donnée postérieurement en gage par l'acheteur, sera préféré au créancier gagiste, parce que le droit de ce dernier n'a pu affecter cette créance que déduction faite du droit que le vendeur s'était déjà réservé dessus.

2° De même le créancier gagiste sera primé par le vendeur d'effets mobiliers corporels, s'il savait que ces meubles n'étaient pas encore payés; car sa mauvaise foi l'empêche d'invoquer le bénéfice de l'art. 2279.

2° *Il y a conflit entre un créancier nanti et un créancier conservateur.*

Ici une distinction est nécessaire.

1° *Les frais de conservation ont été faits postérieurement au nantissement.* — Le créancier conservateur sera préféré au créancier gagiste, car il a fait l'affaire du créancier gagiste, et nous ne faisons ici que suivre la règle que le Code nous a donnée dans le n° 1 de l'art. 2102, 4° alinéa.

. 2° *Les frais de conservation ont été faits anté-*

rieurement au nantissement. — Nous poserons encore ici une sous-distinction.

1° Le créancier nanti a ignoré leur existence au moment où il a reçu le gage : il passera le premier, en vertu de la règle de l'art. 2279, comme le bailleur de bonne foi passe avant le vendeur (art. 2102-4°).

2° Le créancier gagiste a connu leur existence; il est de mauvaise foi et sera primé par le créancier conservateur, car la maxime : *En fait de meubles, possession vaut titre,* ne le protége plus dans ce cas.

ARTICLE III.

Classement des priviléges généraux et des priviléges spéciaux concourant ensemble.

Le silence des législateurs à cet égard a donné naissance à des controverses qui partagent les interprètes du droit.

PREMIER SYSTÈME. *Les priviléges généraux de l'art. 2101 passent avant les priviléges spéciaux de l'art. 2102. (1)* — Voici les arguments que l'on invoque à l'appui de ce système.

1° Les priviléges de l'art. 2101 sont plus

____

(1) M. Troplong, Hyp., 1, n°ˢ 73 et suiv. — Tarrible, Répert., Priv. sect. 2, § 1, n°ˢ 3 et suiv.

dignes de faveur que ceux de l'art. 2102, par cela seul qu'ils sont généraux; la loi nous prouve que tel est son sentiment en faisant porter ces priviléges sur tous les meubles et même sur tous les immeubles.

2° On tire un argument d'analogie de l'article 2105 qui, en cas de conflit entre les priviléges généraux sur les meubles et les priviléges spéciaux sur les immeubles, lorsque le mobilier n'est pas suffisant, déclare que les créanciers de l'art. 2101 passeront sur les immeubles avant les créanciers qui ont un privilége spécial sur ces immeubles. Or, dit-on, la raison de décider n'est-elle pas la même, en cas de conflit, entre les créanciers qui ont un privilége général sur les meubles et ceux qui ont un privilége spécial sur les mêmes meubles? En effet, le vendeur d'un meuble, par exemple, ne doit-il pas être primé par les priviléges de l'art. 2101, puisque ces priviléges passent bien avant celui du vendeur d'un immeuble, dont la créance n'a pas une cause moins digne de faveur que celle du vendeur de meubles?

3° Enfin, ajoute-t-on, les priviléges de l'article 2101 méritent la plus haute faveur; car ce sont des considérations d'humanité et de morale qui les ont fait établir.

Nous n'admettons pas ce système que nous allons réfuter avant d'exposer le nôtre, en re-

prenant successivement chacun de ses argu‑
ments.

Premier argument.—Il est faux de dire que la loi a regardé les priviléges généraux comme plus dignes de faveur que les priviléges spéciaux. Les priviléges spéciaux, en effet, sont fondés sur une double idée : soit une constitution de gage, soit la mise ou la conservation d'une certaine valeur dans le patrimoine du débiteur. Il est dès lors bien évident que ces priviléges, quelque dignes de faveur qu'ils fussent, ne pouvaient être que spéciaux à cause de la spécialité même de ce gage ou de cette augmentation produite dans le patrimoine du débiteur. Ainsi les priviléges de l'art. 2102 sont spéciaux à raison de leur origine et non pas parce qu'ils sont moins dignes de faveur.

Deuxième argument. — Pour pouvoir raisonner par analogie en matière de privilége, il faudrait qu'il y eût une assimilation complète et non pas une simple ressemblance. Or, bien loin de là, il y a une grande différence entre les deux cas.

Les immeubles ont, en général, une valeur assez élevée pour que les priviléges de l'art. 2101, dont la somme est ordinairement assez modique, n'absorbent pas tout le gage des créanciers qui n'ont dessus qu'un privilége spécial, surtout que ces créances privilégiées ont déjà été diminuées par le produit de la vente des meubles, tandis que, si on paye d'abord sur la valeur des meubles les créanciers de l'art. 2101, il est fort à craindre qu'il ne reste plus rien aux créanciers de l'art. 2102.

Loin d'invoquer l'art. 2105 *a pari*, c'est *a contrario* qu'il faut en tirer argument; car si la loi a cru devoir dire expressément que les priviléges de l'art. 2101 sont préférables à ceux de l'art. 2103, et si elle a gardé le silence à l'égard des priviléges de l'art. 2102, c'est que ces derniers ne devaient pas être primés par ceux de l'art. 2101, ce qui est rationnel, ainsi que nous venons de le faire voir.

Troisième argument.—Enfin l'argument fondé sur des considérations d'humanité n'est pas décisif, car les priviléges n'existent pas seulement à raison de motifs d'humanité, mais ils sont encore fondés sur des considérations de crédit, d'encouragement à des dépenses utiles, etc.

Enfin, ce premier système se met tout à fait en opposition avec différents textes. Car l'article 662 du Code de procédure civile, faisant passer la créance du bailleur avant celle des créanciers de l'art. 2101 (sauf les frais de justice qui lui ont été utiles), montre bien que la loi n'a pas considéré les priviléges généraux comme supérieurs aux priviléges spéciaux. Pourquoi, en effet, le débiteur qui peut soustraire un bien aux poursuites de ses créanciers privilégiés de l'art. 2101 en l'aliénant, ne pourrait-il pas en faire autant en constituant dessus un gage, par exemple, ce qui est une aliénation d'une espèce particulière ?

Enfin ce système n'est pas conséquent avec lui-même, car il fait passer le privilége pour frais de conservation après tous les priviléges de l'art. 2101, et cependant ces frais ont été utiles à la masse commune des créanciers comme les frais de justice, qu'il met en première ligne.

Si les priviléges généraux ne doivent pas avoir la priorité sur les priviléges spéciaux, il ne faut pas non plus, d'une manière générale et absolue, préférer les priviléges spéciaux aux priviléges généraux, puisque le privilége général des frais de justice, qui ont servi à tous, passe avant tous les autres priviléges (art. 662 Code de procéd. civ.). De ce que nous venons de dire nous allons tirer la formule du système que nous adoptons.

Deuxième système (1). *Ce n'est pas la généralité ou la spécialité du privilége qui détermine son rang : il ne faut pas opposer d'une manière absolue les priviléges de l'art. 2101 à ceux de l'art. 2102, mais il faut examiner les causes des diverses créances pour déterminer leur classement.*

---

(1) M. Valette. — M. Demante, *Thémis*, vi, p. 130 et suiv.

Or, ces causes peuvent se ramener à trois idées principales :

1° A une idée de gestion de l'affaire commune, d'un avantage procuré à tous les créanciers (priviléges pour frais de justice, du conservateur, du vendeur).

2° A une idée de nantissement exprès ou tacite (priviléges du bailleur, du créancier gagiste, de l'aubergiste, etc.).

3° A des considérations d'humanité, d'ordre public (priviléges des numéros 2, 3, 4 et 5 de l'art. 2101).

Comparons les priviléges de l'art. 2101 avec ceux de l'art. 2102.

1° Les frais de justice doivent venir avant tous les autres priviléges, parce qu'ils ont été utiles à la masse des créanciers, puisque, pour faire valoir ses droits, chacun d'eux eût été obligé de faire ces dépenses. Les art. 662 du Code de procédure civile et 47 de la loi du 1er germinal an XIII, en faisant passer le bailleur avant tous les autres créanciers, sauf les frais de justice, nous montrent clairement que ces derniers frais doivent occuper le premier rang.

Quant aux frais de conservation qui ont profité à tous les créanciers, nous pensons qu'on doit les assimiler aux frais de justice, et les faire venir immédiatement après ceux-ci.

2° Si nous comparons les priviléges compris

dans les quatre derniers numéros de l'article 2101 avec les priviléges de l'art. 2102, nous verrons que ceux de l'art. 2102 ont une cause préférable aux priviléges de l'art. 2101.

En effet, les priviléges généraux sur les meubles sont-ils en conflit, d'une part avec les priviléges de l'art. 2102, qui ont pour cause la conservation ou la mise d'une chose dans le patrimoine du débiteur : ces derniers sont préférables. Le Code lui-même ne place-t-il pas au premier rang les frais de justice parce qu'ils ont servi à l'intérêt commun des créanciers? Or les frais de conservation ou de mise d'une valeur dans les biens du débiteur ont aussi fait cette affaire commune des créanciers, en augmentant leur gage. Ils doivent donc primer les priviléges de l'art. 2101, autres que les frais de justice.

Ces priviléges généraux sur les meubles sont-ils en conflit, d'autre part, avec les priviléges de l'art. 2102, qui reposent sur une idée de nantissement, la loi nous donne encore, dans ce cas, la marche à suivre; car en plaçant au premier rang le bailleur, en le faisant venir même avant les frais de justice, quand ils ne lui ont pas profité, elle nous montre qu'il faut faire passer les priviléges qui reposent sur une idée de nantissement avant tous les autres priviléges, et par conséquent avant les priviléges des quatre derniers numéros de l'art. 2102.

Nous concluons donc que, dans le conflit entre les priviléges généraux et les priviléges spéciaux sur les meubles, si l'on consulte l'esprit du Code, on arrive à cette solution : qu'il faut placer les priviléges spéciaux après les frais de justice, mais avant les autres priviléges généraux.

Enfin, avant et au moment de nous résumer sur ce qui concerne le classement des priviléges, nous avons besoin de rappeler que, pour éviter toute erreur en cette matière, il ne faut pas oublier cette règle, qui joue un rôle si important dans notre législation actuelle : *En fait de meubles, possession vaut titre*, règle admise par le Code pour la sûreté du commerce. De cette règle il résulte que celui qui possède de bonne foi un meuble est protégé contre l'action d'un acquéreur antérieur, c'est-à-dire qu'il l'emporte même sur le droit de propriété. Par conséquent, et *a fortiori*, il résulte de cette règle que le possesseur de bonne foi doit l'emporter contre un droit moins absolu que la propriété, contre le privilége établi au profit d'un créancier, et ces effets de la possession de bonne foi peuvent être invoqués par celui qui possède à titre de créancier gagiste, comme par celui qui possède à titre de propriétaire, comme nous le démontre le Code, en préférant le bailleur au vendeur d'effets mobiliers non payé.

Combinant nos solutions sur la manière de vider les conflits qui s'élèvent, soit entre les créanciers spéciaux entre eux, soit entre les créanciers spéciaux concourant avec les créanciers généraux, nous classerons les priviléges de la manière suivante :

I. Les frais de justice et de conservation qui ont profité à tous les créanciers.

Ces frais passeront même avant les créanciers dont le privilége repose sur une idée de nantissement, s'ils ont été faits postérieurement au nantissement, ou si, ayant été faits antérieurement, ils ont été connus de ces créanciers.

Mais les créanciers nantis passeront en première ligne dans le cas où ces frais ne leur auraient pas été utiles, et dans les cas où ils ont ignoré ces frais faits antérieurement à leur nantissement.

II. Les priviléges fondés sur une idée de nantissement, dans les cas où ils ne priment pas les frais de justice et de conservation.

III. Le privilége du vendeur d'effets mobiliers.

Il primera le créancier nanti si celui-ci a connu le privilége dont l'objet était affecté à son profit, ou si la chose vendue est un meuble incorporel.

IV. Les priviléges des numéros 2, 3, 4 et 5 de l'art. 2101.

APPENDICES.

I. CLASSEMENT DES PRIVILÉGES ÉTABLIS PAR DES LOIS SPÉCIALES.

Il faut se reporter à. ces lois qui indiquent elles-mêmes le rang du privilége qu'elles créent.

II. CLASSEMENT DES PRIVILÉGES COMMERCIAUX.

1° *Priviléges sur les navires.*

Ils s'exercent dans l'ordre indiqué par l'article 191 du Code de commerce.

2° *Priviléges sur le fret.*

L'art. 271 du Code de commerce donne le premier rang aux matelots, pour leurs loyers, avant tous les autres priviléges (sauf les frais de justice bien entendu), parce que c'est leur travail qui a produit cette valeur.

3° *Priviléges sur les marchandises.*

Le privilége du capitaine est préféré, sauf les

frais de justice, aux autres créances privilégiées (art. 308 du Code de comm.). Toutefois ce privilége reposant sur une idée de nantissement, il faudra appliquer ici les règles que nous avons vues précédemment, et décider que ce privilége sera primé dans les mêmes hypothèses où le sont les priviléges établis par le Code Napoléon, qui reposent également sur un nantissement.

Il faudra en dire autant du privilége du commissionnaire (art. 94 du Code de com.).

POSITIONS.

DROIT ROMAIN.

I. Il n'y a pas d'antichrèse tacite , *nec obstat* la loi 8, *in quib. caus. pign. vel hyp. tac. contrah.*

II. La loi 22, *de pig. et hyp.*, et la loi 41, *de pig. act.*, sont inconciliables.

III. La loi 29, § 2, *de pig. et hyp.*, et la loi 44, § 1, *de damn. infect.*, sont inconciliables.

IV. Les lois 29, § 1, *de pig. et hyp.*, et 18, § 2, *de pig. act.*, ainsi que le § 2, tit. 5, liv. ii des Sent. de Paul sont conciliables : le part de l'esclave hypothéquée est lui-même frappé d'un droit de gage, bien que les parties n'aient fait aucune convention à cet égard , et encore que cet enfant ne soit pas né chez le constituant , si toutefois il a été conçu chez celui-ci.

V. Les lois 21, § 3, et 16, § 3, et 6, *de pig. et hyp.*, sont inconciliables.

VI. Dans le droit des Pandectes, le possesseur de bonne foi fait irrévocablement les fruits siens par la perception ; *nec obstant* les lois 1, § 2, et 16, § 4, *de pig. et hyp.*

VII. Le propriétaire d'un fonds dominant ne peut pas hypothéquer les servitudes rurales établies au profit de ce fonds, pas plus que les servitudes urbaines s'il n'hypothèque pas en même temps cet immeuble lui-même.

DROIT FRANÇAIS.

I. Le tiers qui a prêté des fonds pour payer, soit les frais funéraires, soit les frais de dernière maladie, ou qui les a payés lui-même avec intention de faire un prêt au débiteur direct de ces dépenses, n'est pas, en général, mis au lieu et place du créancier désintéressé indépendamment de toute subrogation conventionnelle.

II. Dans le cas où le bail n'a pas date certaine, le bailleur est privilégié pour les années échues, l'année courante et une année à partir de l'expiration de l'année courante.

III. Le privilége des salaires des gens de service n'est pas restreint aux domestiques qui se louent à l'année.

IV. La créance de frais de simple amélioration n'est pas privilégiée, sauf le cas de réparations d'ustensiles (art. 2102-1°).

V. Le privilége du voiturier repose sur une idée de nantissement.

VI. La revendication accordée au vendeur d'effets mobiliers est la revendication du droit de rétention.

VII. Elle ne peut s'exercer au préjudice du bailleur de bonne foi.

VIII. Le privilége du vendeur d'effets mobiliers n'est pas éteint lorsque l'acheteur a donné la chose en gage.

IX. Il ne faut pas faire passer les priviléges généraux sur les meubles en masse avant les priviléges spéciaux.

DROIT PÉNAL.

I. La distribution de bulletins électoraux pour une élection municipale n'est pas soumise à une autorisation spéciale du préfet.

II. La simple tentative d'avortement commise par un tiers n'est pas punissable comme l'avortement consommé.

HISTOIRE DU DROIT.

I. Le principe de la territorialité de la loi

n'existait pas dans la Gaule franque, mais il est faux de dire que chacun pouvait choisir la loi suivant laquelle il serait jugé.

II. La censive prend sa source dans la pratique de la recommandation.

III. Le coutumier dit : Etablissements de saint Louis ne correspond pas à son titre.

IV. Le domaine congéable de Bretagne a pour origine les émigrations des Gallois de la Bretagne insulaire dans la Bretagne continentale aux Ve et VIe siècles.

Vu par le Président de la thèse,
DE VALROGER.

Vu par le Doyen de la Faculté,
C.-A. PELLAT.

Permis d'imprimer :

Le Vice-Recteur,
CAYX.

TABLE DES MATIÈRES.

CHAPITRE II.

DES EFFETS DU DROIT DE GAGE OU D'HYPOTHÈQUE. — DES PACTES QUI MODIFIENT CES EFFETS.

SECTION Ire.

SECTION II.

SECTION III.

DROIT FRANÇAIS.

DES PRIVILÉGES DES ART. 2101 ET 2102 DU CODE NAPOLÉON SUR LES MEUBLES.

CHAPITRE Ier.

DES PRIVILÉGES GÉNÉRAUX SUR LES MEUBLES.

CHAPITRE II.

DES PRIVILÉGES SUR CERTAINS MEUBLES.